Een van de acht

SANDRA KOOLMEES

Een van de acht

SIJTHOFF

Deze uitgave kwam tot stand door bemiddeling van Sebes & Van Gelderen Literair Agentschap, te Amsterdam.

Omslagontwerp: Nanja Toebak
Omslagillustratie: Corbis Netherlands
Foto auteur: Ineke Oostveen

ISBN 978 90 218 0379 1
NUR 320

www.boekenwereld.com
www.uitgeverijsijthoff.nl
www.watleesjij.nu

Voor mijn ouders

Voor iedereen die iemand moet missen in het leven.

Ik heb in het Vondelpark een klein prieeltje gehuurd
met een bank en een bosje seringen.
Ik heb de nachtegaal een invitatie gestuurd om vanavond een
uurtje te zingen.
Ik heb, zojuist, nog gauw de hemel opgebeld,
Een halve maan en duizend sterren besteld.
Ik zet in het Vondelpark een *happy ending* op touw
en dan wacht ik alleen nog maar... op jou.

Annie M.G. Schmidt

INLEIDING

Ik heb er nooit, maar dan ook werkelijk nooit bij stilgestaan dat ik ziek kon worden. En toch is het gebeurd, ik heb twee keer een ernstige, in veel gevallen, dodelijke ziekte gehad. Twee keer borstkanker, die op min of meer dezelfde manier behandeld is maar waarvan de impact de tweede keer niet te vergelijken was met de eerste keer. Dacht ik in 2004 nog dat het 'gewoon' een foutje van moeder natuur was, in de zomer van 2007 was ik daar niet meer zo van overtuigd. Waar de eerste keer nog één groot en naar avontuur was, was het de tweede keer alleen nog maar groot en naar. Ik heb me de tweede keer uit alle macht afgezet tegen de voorgestelde behandelingen en borstkanker zelf. Hoe dun het laagje vertrouwen was waar ik de afgelopen drie jaar mijn leven op had gebouwd, besefte ik pas toen het brak. En ik volledig nat ging. Ik werkte weer, deed alles en meer dan voor ik ziek was geweest. Ik had zelfs in 2006 een marathon gelopen. Maar alles wat ik in de tussenliggende tijd had bereikt, deed er na de ontdekking van tumor twee niet meer toe. Ik was niet terug naar af, ik was voorbij af. Want de uitgebreide behandelingen die ik de eerste keer had ondergaan (chemotherapie, een borstsparende operatie en zevenendertig keer bestraling) waren niet voldoende geweest. Er was niemand die mij kon verzekeren dat een operatie en chemotherapie nu wel zouden helpen. Was ik de eerste keer vol vertrouwen, de tweede keer was ik voornamelijk op zoek naar antwoorden en de bevestiging dat het goed met me zou komen.

Inmiddels ben ik weer een jaar verder. Het heeft een jaar, een vriendin met borstkanker en veel slapeloze nachten gekost om te komen waar ik nu ben. Op het punt dat ik weet en accepteer dat ik niet zomaar een ziekte heb gehad, maar kanker. Geen zware griep, geen gebroken been of wat dan ook. Kanker, twee keer. Een woord dat tot een paar jaar terug amper werd uitgesproken en waaraan nog steeds bijna alle mensen in films doodgaan. Alsof er geen originelere ziekte is om aan dood te gaan. De impact van het hebben van kanker is onbeschrijfelijk groot. Omdat het niet alleen in je lijf gaat zitten maar ook in je geest. Het beheerst je leven en al je onbevangenheid wordt in de kiem gesmoord. Ik weet niet of ik nu beter ben. Ik denk het wel maar (en die 'maar' zit altijd, 24 uur per dag, 7 dagen per week in mijn hoofd) het kan ook zomaar zijn dat ik op dit moment mijn derde tumor aan het ontwikkelen ben. Aan mijn buitenkant zul je het niet zien en meestal ook niet merken maar de angst is er. Kanker heb je namelijk niet heel even. Kanker heb je je hele leven. Dat maakt kanker kanker. En dat maakt het, afgezien van het feit dat je er dood aan kunt gaan, ook zo'n ongelofelijke kloteziekte.

Ik hoop dat ik door het schrijven van dit boek mijn ziekte meer betekenis geef. Vaak heb ik het gevoel gehad dat de afgelopen drie jaar zo ontzettend zinloos zijn geweest. Voor mijn gevoel is er niks veranderd, ben ik geen beter mens geworden of veranderd. Ik heb mijn leven niet volledig over een andere boeg gegooid. Ik werk nog steeds bij hetzelfde bedrijf, zoek nog altijd een huis, verkering en een nieuwe auto. Mijn vrienden zijn gebleven en mijn familie gelukkig ook. Mijn irritaties, mijn blije, gelukkige, verdrietige, egoïstische periodes ook. Ik heb alleen het geluk gehad te mogen schrijven voor *Viva*, over mijn kanker en het feit dat ik daar niet aan doe. Iemand heeft naar aanleiding van mijn dagboek in *Viva* haar borsten gecontroleerd en een knobbeltje gevonden. Een knobbeltje dat kwaadaardig bleek te zijn. Toen ik dat hoorde, kreeg ik het koud. Dit was de reden dat ik mijn ziel en zaligheid had blootgelegd. Dit was waar ik onbewust op had gehoopt. Ik had een klein verschil gemaakt in iemands leven. Misschien geen leuk verschil maar wel een verschil, een verschil wellicht tussen een levensverlengende en een levens reddende behandeling. De dame in kwestie weet het zelf niet, maar op haar beurt betekende die wetenschap zo ontzettend veel voor me, dat zijzelf ook een verschil heeft gemaakt. Voor mij.

Als ik door het schrijven van dit boek maar één persoon aan het denken kan zetten, haar aan kan zetten tot het onderzoeken van haar eigen borsten, tijdens een chemokuur kan laten lachen of iemands lichtpuntje kan zijn, dan heeft die drie jaar ellende in ieder geval nog enige zin gehad. Dan zijn de afgelopen drie jaar niet meer zinloos maar zinvol.

1

Ik ben vijfendertig en heb een knobbel van het formaat pingpongbal in mijn borst en tot ik weet wat het is, ga ik me er geen zorgen over maken. Ik heb nog een week vakantie, waarvan ik nog één avond in Frankrijk zal doorbrengen en maandag ga ik wel naar de huisarts. Deze dag begon nog wel zo leuk. Wat zeg ik, de hele week was één groot feest. Zes vrienden (twee stellen, één mannelijke vrijgezel, hoera, en ik), een groot huis met zwembad in Zuid-Frankrijk, heel veel wijn en borrelmomenten en drie cd's vol met tv-tunes. Ik kan niet zeggen wat ik fijner vind: het zwembad of de grote tafel die in de schaduw staat onder de platanen. Of toch de tuin met meer speelgoed voor volwassenen dan je bij Center Parcs voor kinderen vindt? Tafelvoetbal, een basketbalveldje, tafeltennistafel, volleybalnet in het zwembad en zelfs een dartboard. Alle dagen eindigen hier, onder de platanen, met lege flessen, volle glazen, banaan met chocolade op de barbecue en het raden van tv-tunes. In volmaakte harmonie met elkaar. Althans, als we niet voor het eten al ruzie hebben over wie er het beste kan barbecueën (de mannen of de vrouwen), hoe je een foto kan maken van de maan (ik denk het beter te weten dan Jelle, met mij de enige vrijgezel) of wie er die avond op de pull-out sofa moet. Echt, het Big Brotherhuis is er niks bij. Maar afgezien hiervan is het de perfecte vakantie. Tot ik op de laatste dag bedenk dat mijn borsten ook wel een kleurtje kunnen gebruiken. Naar goed Nederlands gebruik moeten we bruin terugkomen van een vakantie in een zonnig land. Dat hoort zo, anders lijkt het voor de buitenwereld alsof je geen leuke vakantie hebt gehad. Zon is er in overvloed en nog gratis ook, dus bruin worden is niet al te ingewikkeld. Wijs geworden door vele jaren onbeschermd in de zon met weinig charmant resultaat (een kreeft was er niks bij), smeer ik dit keer wel mijn blanke borsten in. Dan voel ik het. Iets wat ik, achteraf gezien, misschien onbewust al vaker had gevoeld. Maar dat ik weer net zo snel vergat als ik het voelde. Dit keer niet. Nu ik me zo insmeer, is het te duidelijk aanwezig om te negeren. Een pingpongbal. In mijn borst. Voor ik het weet, flap ik het er ook uit. 'Er zit een knobbeltje in mijn borst.' Het was niet het feit dat mijn twee vriendinnen direct opkeken en me enigszins geschokt aankeken dat me deed beseffen dat dit meer was dan zomaar een willekeurig bultje. Het was het feit dat ik me realiseerde dat dit écht was. Er zat iets in mijn linkerborst dat, en dit wist ik zeker, zelfs zonder te voelen, niet in mijn rechterborst zat. Er zat iets wat daar niet hoorde. Het moet bijna lollig geweest zijn, twee halfnaakte vrouwen om de derde heen, als Ellen en Eef niet zo verschrikt naar me hadden gekeken. Ik vraag me wel eens af hoe het komt dat je direct het juiste woord bij zoiets weet. Waarom zei ik niet dat ik een bobbel of een bultje voelde? Hoe wist ik dat ik in dit geval, dit hoogst uitzonderlijke geval, het woord knobbeltje moest gebruiken? Zonder te weten wat het is, zonder er ooit een gevoeld te hebben, wist ik dat dit een knobbel was. Maar goed, een knobbel is geen knobbel zonder de bevestiging van een andere vrouwenhand. Dus voelde Ellen. En daarna Eef. Normaal gesproken doe ik er een moord voor om gelijk te krijgen. Dit keer niet. Natuurlijk hebben we na het voelen gezegd dat het van alles kon zijn. Dat dit niks te betekenen had. De moeder van Eef had dit zo vaak en het bleek altijd om een cyste te gaan. Maar ik moest toch maar direct een afspraak met mijn huisarts maken. Zoiets had ik zelf ook al bedacht dus terug in de villa belde ik Zus om te vragen of ze voor maandag een afspraak bij de huisarts kon maken. Liefst in de ochtend, niet te vroeg want ik had hierna nog een week vakantie en ging zondag misschien nog wel op stap. De kroeg in voor een zondagmiddagborrel en als dat gezellig is en uit de hand loopt, je weet maar nooit, dan is vroeg wel heel erg vroeg. Maar ook niet te laat want ik moest die maandag om 15.00 uur golfen en die afspraak had ik met moeite gemaakt dus ideale tijd zou zijn een uurtje of elf.

Zoveel prioriteit heeft de pingpongbal nu ook weer niet. Sms'je even later van Zus: 'afspraak staat om 14.10.' Irritatie bij mij, dat is niet de beste tijd, heeft ze niet goed geluisterd of zo? Ik sms terug: 'sorry, 15.00 golf rmbr. moet max 14.00 weg. verzetten please?? kan evt. ook dnsdg. Kus Je Zus.' Ik heb later nooit gevraagd wat zij op dat moment dacht.

Het is vreemd, maar vanaf het moment dat je weet dat er iets zit, ga je het ook voelen. Zei ik die middag nog tegen Eef en Ellen dat ik er geen last van had, vanaf dat moment voel ik het ding branden en ook letterlijk zitten. Ik voel dat er iets in mij groeit, snel of langzaam, dat maakt niet uit. Wat het ook is, ik wil het zo snel mogelijk weg hebben. Het lijkt wel of er in het akelig dunne Franse matrasje allemaal knobbels zitten. Ik verschuif van mijn linker- op mijn rechterzijde en maak mijzelf wijs dat ik niet kan slapen omdat het mijn laatste avond in Frankrijk is.

2

Het was een korte nacht op dat Franse matrasje en de volgende dag is lang want in één ruk terugrijden vanuit Zuid Frankrijk is geen kattenpis. Het rijden gaat me lekker af, ik houd het gaspedaal ingedrukt tot ik de 180 km per uur bereik, een snelheid die mijn eigen autootje niet haalt. Inmiddels ervaren in het gebruiken van de TomTom zie ik dat mijn nieuwe rijstijl zowaar een halfuur heeft afgesnoept van onze ETA (estimated time of arrival). Ik bel Zus dat ik over een uurtje bij haar ben voor eten en verhalen.

Aangezien zij met vakantie is geweest in Barcelona duurt het even voor we ons door de stapels nieuwe kleren (voor hem, voor haar, voor dochtertje Lutein en helaas niks voor mij) hebben gewerkt. Tussen het kleding passen en becommentariëren in is er echter wel even tijd voor het voelen van de pingpongbal. Er zijn twee dingen die me opvallen. Elke keer als ik de pingpongbal voel, doe ik dat in gezelschap van anderen en na elke keer voelen wordt het hebben van de pingpongbal ook wat normaler en vooral ook echter. Alsof het niet genoeg is dat ik hem zelf voel zitten, maar ik de bevestiging nodig heb van andere mensen. Dat zij ook voelen dat er echt iets zit en ik het me niet inbeeld. Want stel dat de pingpongbal morgen opeens weg is, dan heb ik in ieder geval getuigen dat hij er wel heeft gezeten. Nu inmiddels drie, Eef, Ellen en mijn zus Marleen. Dan weet ik in ieder geval dat ik niet gek ben. Niet gek maar misschien wel ziek. En omdat ik zo snel mogelijk wil weten welke optie op mij van toepassing is, laat ik mijn zus direct even bellen met een bevriende dokter van haar. Of hij nu, vanavond, even aan mijn tieten wil voelen en me dan, liefst ook direct, door kan verwijzen naar het ziekenhuis. Zover komt het echter niet. De bevriende dokter wil mij als ik erop sta wel onderzoeken maar hij kan me niet doorverwijzen. De noodzaak van dit spoedconsult is op slag verdwenen. Bovendien, voegt hij eraan toe, als hij op een maandagochtend iemand aan de telefoon krijgt met een klacht als de mijne dan laat hij die direct langskomen met of zonder afspraak. Is dit bedoeld ter geruststelling of juist niet? Is deze doktervriend gewoon een overbezorgd type of spreekt hij uit wat elke arts zou doen: niet langer wachten maar razendsnel actie ondernemen?

Eenmaal thuis blijf ik op tot de herhalingen van *Sex and the City* beginnen. Ik wil niet naar bed. Verbeeld ik het me of voel ik iets branden in mijn borst? Aan welke kant zit mijn hart eigenlijk, links of rechts? Zou ik het nu ook aan mijn hart hebben? Is de pingpongbal een tumor? En kan het zo zijn dat door er veel aan te zitten de tumor geactiveerd wordt, openbarst en de kankercellen zich linea recta naar mijn hart begeven? Hoe snel gaat dat dan en wat als ik steken in of onder mijn borst ga voelen? Stel je voor dat ik maandag direct naar het ziekenhuis moet, ze een kijkoperatie doen, me vervolgens onverrichterzake weer dichtmaken en naar huis sturen met de woorden: sorry, probeer te genieten van de tijd die u rest. Deze en nog veel meer irreële gedachten drentelen door mijn hoofd, niet van plan weg te gaan, terwijl ik in de volgende herhaling ben gevallen. Het is bijna één uur en mijn bed lonkt. Dat is het lekkerste van terugkomen van vakantie: hoe langer je weg bent hoe fijner het is om weer in je eigen bedje te slapen. Hoewel ik maar een weekje weg ben geweest, wint deze gedachte het van alle andere. Ik slaap als een roos zonder een keer wakker te worden. Ik slaap zelfs op mijn linkerkant, want op mijn eigen matras kan dat wel. Om 7.15 uur ben ik klaarwakker.

Het gepieker van de avond ervoor gaat onverdroten door. Ik denk aan al die verhalen over mensen die nooit wat hadden, het ziekenhuis in gingen voor een vervelend kuchje en binnen drie maanden het loodje legden. Die nooit iets gevoeld hadden, gezond aten, sportten, niet rookten maar wel lekker doordronken. Maar van doordrinken krijg je toch alleen korsakov of een dikke lever? Van een paar wijntjes krijg je toch geen kanker?

3

Ik ben echt nooit ziek. Dan is het toch jammer dat ik op de eerste vrije dag van mijn laatste weekje vakantie in eigen stad de wekker om acht uur moet zetten om de huisarts te bellen. Nooit zieke mensen doen dat niet. Nooit zieke mensen bellen hooguit eens per halfjaar naar de apotheek voor een herhalingsrecept van de pil. Voor een deel is dit natuurlijk de schuld van mijn zus en de bevriende dokter. Zij heeft een afspraak gemaakt voor in de middag terwijl ik dan moet golfen en de bevriende dokter heeft mij zenuwachtig gemaakt. De gemaakte afspraak moet dus verzet worden, liefst naar zo vroeg mogelijk. Ik draai het nummer van de huisarts, ben benieuwd hoe snel ik langs mag komen.

Dat 'snel langskomen' heeft nogal wat voeten in de aarde. Probleempje is dat goede huisartsen in Amsterdam zeldzaam zijn en om die reden ook altijd druk. Zeker op maandagochtend. Daarbij komt dat 'ik moet golfen' waarschijnlijk geen goed argument is om een afspraak te verzetten. Ik moet dus, om 8.05 uur met een werkelijk niet van deze wereld zijnde kater en dito hoofdpijn ernstig mijn best doen om toch een afspraak voor deze ochtend te maken. En ik trek alles uit de kast, laat dat maar aan mij over. Terwijl ik de pingpongbal bij nader inzien toch wel een maand of vier genegeerd heb, wil ik nu direct bevestiging dat het niks is en daar wil ik niet tot dinsdag op wachten. Ik vertel de assistente dat een bevriende arts mij heeft gezegd dat hij in dit soort gevallen altijd direct een afspraak maakt, dat ik de rest van de week niet meer kan in verband met mijn werk en dat ik alleen vandaag nog vrij ben. Een dikke vette leugen maar dik en vet is die knobbel ook dus ik neem het even niet zo nauw met de waarheid. Gelukt, de assistente geeft me eerst nog op mijn kop in het kader van 'onze afspraken zijn net zo belangrijk als de jouwe' maar gaat dan toch overstag. Ze heeft nog één plekje, over tien minuten, red ik dat? Omdat ik niet meer durf te zeggen dat dat wel heel erg snel is, stem ik toe. Gelukkig heb ik al mijn make-up er gisteravond al afgehaald dus ik poets snel mijn tanden. De ergste alcoholdampen zijn volgens mij wel weggetrokken. Twee Nurofen erin, leuk setje bij elkaar passende lingerie aan, want je weet maar nooit, voor hetzelfde geld stuurt ze me direct door naar het ziekenhuis en dan kun je maar beter goed voor de dag komen. En dan fluks op de fiets naar de dokter.

De assistente was al niet blij met me, maar de huisarts heeft helemaal een ochtendhumeur. Toch mag ik me uitkleden en word ik vervolgens bekeken en bevoeld. Ik geloof niet dat er eerder in zo korte tijd zoveel verschillende mensen aan mijn borsten hebben gezeten. Ik begin het bijna jammer te vinden dat het alleen maar vrouwen zijn. Het zou raar geweest zijn als de dokter niks had gevoeld en dat is dus ook niet zo: ze voelt hem ook. En ze is opeens een stuk aardiger. Let op, dit had alarmbel nummer één kunnen zijn, telt u even mee? Ze gaat verder en ik houd mijn adem in. Sinds ik de knobbel aan mijn twee vriendinnen en zus heb laten voelen heb ik er niet meer aangezeten. Alsof ik bang ben dat hij door al te veel aanraking opeens wakker wordt, zich ontdekt voelt en het dan op een groeien zet. Mijn doel is dus om hem niet wakker te maken. Ik hoef mijn adem niet lang in te houden.

4

Even wat harde feiten. De uitslag van de voelsessie uitgevoerd door mijn huisarts, zoals ik later in mijn status lees:

Lichamelijk onderzoek: 3,5 cm grote harde zwelling, linker mamma (dit is denk ik een ander woord voor borst), *los van onderlaag en vast aan bovenlaag* (dus vast aan mijn velletje), *subaxillaire klieren bdz.* Wat dat laatste betekent weet ik niet maar daar kom ik vast nog wel achter.

Diagnose: mammaca bij jonge vrouw van 35 jaar (oef, harder kon ik niet met mijn leeftijd geconfronteerd worden. Rond ik al jaren mijn leeftijd naar beneden af, nu vind ik 35 wel heel erg jong om ziek te zijn).

Procedurevoorstel: overname behandeling. Overname? Met andere woorden: de huisarts trekt haar handen van mij af?

Na bovenstaande constatering sta ik even later weer buiten met een envelop met inhoud. Inclusief een doorverwijzing voor de spoedafdeling chirurgie in het OLVG (Onze Lieve Vrouwe Gasthuis) met stempel 'urgent'! Ik voel me lichtelijk vereerd en fiets direct door naar het ziekenhuis. Ik ben urgent en heb dus voorrang op alle andere patiënten. Andere mensen zouden hier waarschijnlijk alarmbel twee horen afgaan maar bij mij blijft het doodstil. Noem me naïef, maar ook na mijn bezoek aan de spoedafdeling chirurgie hoorde ik het belletje, dat inmiddels het volume van tien brandweeralarms had, niet. Het stempel urgent op mijn doorverwijskaart, het feit dat ik direct terecht kan, de snelle vervolgafspraak en alle 'nou heel veel sterkte hoor' van de verpleegsters geheel negerend, loop ik opgewekt en volkomen relaxed het ziekenhuis weer uit, de zon in. Bovendien, hoe urgent is urgent als ik in totaal drie uur heb moeten wachten?

Ik heb nota bene vakantie. Ik heb hier geen tijd voor. Ik moet op het terras zitten. En dat doe ik dus ook, met kater en nog steeds zonder make-up, maar dat doet me niks. Ik heb vette trek en bestel daarom, geheel tegen mijn *lowcarb*-dieet in, een broodje tonijnsalade. Met extra mayo. In de zon, tijdens mijn vakantie en op het terras, overdenk ik het ziekenhuisbezoek. Ik ben dus urgent genoeg om doorgestuurd te worden maar nog niet urgent genoeg om direct opgenomen te worden. De dienstdoende chirurg, eindelijk een man, heeft me ook onderzocht. 'Mag ik even voelen?' lijkt een standaardvraag in mijn leven te worden. Hij heeft dezelfde vragen gesteld als de huisarts, de zuster die me ontving op de EHBO en de verpleger in de behandelkamer, en hij trok blijkbaar dezelfde conclusie als de huisarts. Urgent, maar niet té. Hij ging weg met de woorden: ik ga kijken wanneer ik een afspraak voor je kan inplannen (vrijdagavond zou leuk zijn dacht ik nog) en stuurde me vervolgens door naar P3 (dat is een soort poliklinisch parkeerbeheer) om zelf een afspraak te maken en met de woorden 'sterkte'. Sterkte? Waarvoor? Achteraf realiseerde ik me dat ik de laatste was die het doorhad. Het broodje tonijnsalade en mijn ice tea doen me goed, ik vergeet bijna dat ik er waarschijnlijk brak uitzie, dus ik lach naar mijn medemaandagochtendterraszitters. Wat een zaligheid, ik heb nog een week vakantie en de zon schijnt! Wat wil ik nog meer? Mij maken ze niet gek. Even vriendinnen Ellen, Eef, Sabien, Wendy en zus Koola bellen (het lijstje geïnteresseerden wordt steeds langer) om te zeggen dat het 'so far, so good' is. Maar toch, die middag op de golfbaan ben ik er niet helemaal bij met mijn hoofd en loop het slechtste rondje ooit.

'S Avonds weet ik wel wat ik nog meer wil. Ik wil dat ik die pingpongbal eerder serieus had genomen in plaats van het sluimerende gevoel van onbehagen te negeren. Dan was ik er nu misschien al vanaf geweest. Liever nog wil ik dat hij er überhaupt niet had gezeten, dat was nog leuker geweest. Ik bel mijn twee drinkemaatjes van de vorige avond. Gelukkig zijn zij ook (nog steeds) brak en vinden ze het goed van me dat ik vanmorgen in alle vroegte toch naar de dokter ben gegaan. Ik beloof ze op de hoogte te houden - uiteraard - en we spreken af snel te bellen. Ik merk dat ik, zolang ik maar met iets anders bezig ben eigenlijk weinig aandacht aan de vermeende knobbel besteed. Ik weet nu dat golfen een goede manier is om mijn aandacht af te leiden ondanks het feit dat het mijn spel niet echt ten goede komt. Naar de film, uit eten, allemaal goede afleidingsmanoeuvres. Alles om er maar niet aan te denken. Of om te gaan slapen. Want als ik probeer te slapen, ga ik nadenken. Het zijn gelukkig niet alleen maar vervelende gedachtes. Ze variëren van: het is gewoon goedaardig, ze gaan me opereren, ik val flauw van de stress vanwege de narcose (voor zover ik weet gebeurt dat altijd met een naald en daar kan ik niet tegen) en dan is alles weer oké, tot: het is kwaadaardig, ze gaan me opereren, maken me open en weer dicht, er is niks meer aan te doen en ik heb nog een paar maanden om mijn eigen begrafenis te regelen.

5

Sommige gesprekken vergeet je nooit meer. Wendy en ik rijden terug van het strand de dag na mijn bezoek aan de huisarts en het ziekenhuis. We hebben het over de knobbel. Ik weet nog precies waar we reden toen ik zei: 'Ach, als het uiteindelijk toch iets naars blijkt te zijn dan snijden ze het er gewoon uit, maken ze het weer dicht en heb ik mijn eerste litteken te pakken. Hoe moeilijk kan het zijn?' Pas veel later hoorde ik dat mijn vriendinnen zich op dat moment meer zorgen maakten over mijn geestelijke gesteldheid dan over mijn lichamelijke gezondheid. Wat zij al van verre zagen aankomen, zag ik totaal niet. Een tumor snij je er namelijk niet zomaar uit.

Om het vakantiegevoel nog langer vast te houden, dacht ik mijn eerste werkdag even vrij te nemen, maar na een korte blik in mijn agenda, lijkt me dat toch niet zo'n briljant idee. Bovendien begint het inmiddels ook tot mij door te dringen: over vier dagen moet ik naar de mammapoli voor verder onderzoek en je weet maar nooit wat daaruit komt. De irreële gedachtes over begrafenissen, muziek en video's waarop ik, stralend, dapper en toch zo mooi afscheid neem, liggen al ver achter me. Ik voel me goed, ik zie er goed uit, dus hoe zou het kunnen dat er iets slechts in mij groeit? Ik heb er gewoon zin in. Ik heb mij er daarom van overtuigd dat ik donderdag ga horen dat het allemaal wel meevalt, dat de pingpongbal eruit moet, maar dat het daarna over is en ik weer blij naar huis kan. Ben ik voor niks zenuwachtig geweest en waardeer ik alles weer des te meer. Zo dacht ik er maandag over maar nu is het dinsdag en opeens heb ik stress. Een onschuldige knobbel is namelijk allemaal leuk en aardig maar, had ik me vannacht wederom bedacht, stel dat de knobbel, sinds zijn ontdekking is gaan groeien of nog erger, aan de wandel is gegaan? Dat hij, door iedereen die er aangezeten heeft, wakker is geschud. *This is your wake-up call*, wakker worden, ze zitten aan je, ze hebben je ontdekt, als je wilt groeien, moet je het nu doen want straks halen ze je eruit! De pingpongbal zit inmiddels niet alleen meer in mijn borst, maar ook tussen mijn oren. Ik voel hem groeien en soms voel ik hem, als een pijnlijk speldenprikje ook zitten. Moet ik wel wachten tot het donderdag is? Is het niet beter om vandaag te gaan? Geldt hier niet hoe eerder hoe beter? Ik bel het OLVG maar ze nemen niet op bij de mammapoli, dus ik leg me er maar bij neer. Nog drie dagen werken en dan moet ik eraan geloven.

Uiteindelijk vertel ik het op de valreep toch ook op mijn werk. Woensdag aan het eind van de dag, zodat ik zo min mogelijk vragen krijg of meelevende blikken. Ik zeg dat ik er hopelijk vrijdag weer ben, dat ik zelf verwacht dat ik er vrijdag weer ben. Maar dat je het maar nooit weet.

Ik vertel dat ik de volgende dag drie testen zal krijgen en dan aan het eind van de dag de uitslag. Begrip alom, wederom dat ongeloof en alle sterkte (begin er een beetje moe van te worden) en natuurlijk de onvermijdelijke verhalen van de zus van de neef van de buurman die ook zoiets had en dat bleek – en nu kan alles volgen – een vetbult, gesprongen ader, cyste, embryo of wat dan ook te zijn. Bedankt voor de informatie, ik denk dat het bij mij ook zoiets zal zijn. Lief dat niemand zegt wat ze werkelijk denken. Dat ze hopen dat het een goede pingpongbal is en niet zo'n kwaadaardig ding waar je natuurlijk nooit van je leven heel oud mee gaat worden.

Zo wordt het woensdagavond, nog één nachtje slapen en dan mag ik. De afgelopen dagen zijn voorbijgevlogen en morgen krijg ik voor het eerst in mijn leven een onderzoek in het ziekenhuis. Dat is niet leuk voor iemand die nooit ziek is. Gek hoe je alledaagse dingen beleeft als je vermoedt dat er iets staat te gebeuren. Het is misschien wel mijn laatste avond kankervrij eten bij Wagamama, laatste keer gezellig een drankje doen in de kroeg zonder kanker. Tijdens het concert in De Melkweg (kaarten waren al lang geleden besteld) na het eten zit ik maar te denken aan de knobbel. Goed of slecht? Is hij goed of slecht? Ik weet het niet. Als het een kwaadaardige is dan zou ik dat toch zeker voelen? Je wéét het toch als er iets fout zit in je lichaam? Ik krijg geen enkel signaal door, dus dans ik maar een beetje a-ritmisch (want geen alcohol tot ik weet wat ik heb) in het rond en probeer er een gezellige avond van te maken. Hopelijk blijkt dit morgen niet mijn laatste avondje uit als gezond mens te zijn want dan had ik beter wat langer kunnen doorfeesten. Vanavond ga ik, op advies van mijn moeder, die bij mij slaapt en morgen meegaat, op tijd naar huis.

Als je niet gewend bent om met iemand samen te wonen, verloopt een nacht en ochtend met je moeder niet geheel irritatievrij. Ik ben toch wel zenuwachtig voor wat er vandaag gaat gebeuren en dat, gecombineerd met mijn kleine, edoch overduidelijk aanwezige ochtendhumeur, maakt de sfeer er niet beter op. Mijn moeder begrijpt me gelukkig. Om 10.00 uur sharp meld ik me bij P2 voor het eerste gesprek met een echte kankerdokter. Mijn initiatie begint gelijk. *'Welkom in de wondere wereld van het ziekenhuis. Dit is geen wereld voor watjes'* zouden ze moeten aankondigen bij de entree. Hier gelden andere en nieuwe regels en procedures dan in de buitenwereld. Ik heb geen ponskaartje als ik bij P2 aankom. Sorry, wat voor kaartje? Het ponskaartje (een soort ziekenhuispaspoort, zonder mag je het land der zieken niet in of uit), wordt mij uitgelegd, had ik moeten maken bij de balie, bij de entree. Terug naar af waar ik weer achter aan de rij aansluit. Omdat ik zenuwachtig ben, ben ik geïrriteerder dan ik normaal gesproken al ben als iets niet goed is georganiseerd.

Dus ik mor dat het hier slecht georganiseerd is, dat niemand mij verteld heeft over een ponskaartje. Ik trek in gedachten de receptionist over de balie en bijt kwaad om me heen. Allemaal zenuwen. Bij de inschrijfbalie wordt gevraagd of ik een identiteitsbewijs bij me heb. Ja, dat heb ik. In mijn tas en die heeft mijn moeder en die zit bij P2. Stom ziekenhuis. Iets later ben ik eindelijk OLVG-fähig en weer terug bij P2. Ik mag gelukkig snel mee met de dokter. Uiteraard moet ik me weer uitkleden en volgt wederom het betere voelwerk. Ook deze dokter vertelt me niets nieuws. Locatie knobbel: linkerborst. Ongeveer 3 à 3,5 cm groot. Hij lijkt een beetje los te zitten.

Doet het pijn? Nee. Ergens anders last van? Nee. Vaker ziek geweest? Nee. Gebruik je medicijnen? Nee. Roken? Nee. Waarom vraagt ze niet of ik gezond ben? Dan kan ik volmondig ja zeggen. Ja, ik ben gezond. Op de knobbel na dan.

6

Ik krijg niet om 16.00 uur de uitslag van mijn triootje testen (mammografie, echo en punctie) maar al om 15.30 uur. Het leek me alleen verstandiger om er een halfuurtje bij op te tellen anders gaan mensen zich maar zenuwachtig maken als ik niet direct bel. De lijst met vriendinnen die het weten en die meeleven is inmiddels twee A4-tjes lang geworden. Hoe zou het toch komen dat iedereen weet dat een slechtnieuwsgesprek altijd langer duurt dan een goednieuwsgesprek? Het kost toch evenveel tijd om te zeggen of je mag blijven of dat je bent ontslagen. Of om 'ik hou van je' of 'ik haat je' uit te roepen. Ik blijf bij je, ik ga bij je weg, het is goedaardig of het is kwaadaardig. Drie woorden, drie seconden.

Het is niet dat mijn moeder en ik geen leuke dag hebben gehad. Integendeel, ik vind niks leuker dan met mijn mamsje door de stad te fietsen. Ik op een barrel, zij op een echte fiets. Terwijl ik de hele tijd bang ben dat ze in een tramrail komt, fietst mijn moeder dwars over de trambaan heen, over de stoep, tegen het verkeer in. Zij maakt zich vandaag waarschijnlijk over heel andere dingen zorgen dan met haar band in de tramrail komen. Het was bijna een dagje stad als alle andere. Alleen deze keer moesten we om 15.30 uur weer in het ziekenhuis zijn om te horen wat mijn pingpongbal precies was. Zo tegen drie uur begon ik me net zo zenuwachtig te voelen als mijn moeder waarschijnlijk al de hele dag was. Zou de chirurg ons straks iets gaan vertellen wat we helemaal niet wilden weten? Of zou het meevallen?

De dokter was een kwartier te laat. Daar ging mijn halfuurtje 'slecht nieuws' speling. Een assistente was erbij. Het klopt niet wat je in films ziet. In films vallen mensen flauw of elkaar huilend in de armen als ze slecht nieuws krijgen. Dat is niet zo. Niet in mijn geval. Ik weet niet of ze wel begon met 'Het spijt me, maar..'. Het zou me niets verbazen. Wat ik wel zeker weet, is dat ze zei dat ze geen goed nieuws voor me had. De pingpongbal bleek kwaadaardig. De pingpongbal was een agressieve en kwaadaardige tumor en moest eruit. Ik geloof dat ik even naar mijn moeder keek, of ze moest huilen, maar dat was niet zo. Ik weet dat niemand iets zei na dit bericht en dat ik mijn hart in een soort vacuüm voelde trekken. 'Dat is niet best,' zei ik nog. Ik wist eigenlijk ook niet wat ik hierop moest zeggen. Ik stelde wat vragen waar de dokter geen antwoord op kon geven en toen gingen zij en de assistente weg om alvast wat afspraken in te plannen. Alleen weet ik nu dat dat helemaal niet zo is. Ze gaan weg om je even wat rust te gunnen. Zodat je alleen bent en je je 'emoties kunt uiten'. Mams en ik zaten eigenlijk nog wat verdwaasd voor ons uit te kijken, nog amper bekomen van de schrik, toen ik pas goed besefte wat ze eigenlijk gezegd had. 'Reken er maar op dat je hier een jaar mee bezig bent,' had de arts gezegd. Een jaar!

Langzaam maar zeker drong er iets tot me door. Ik zou een jaar niet lekker kunnen werken, niet kunnen uitgaan, drinken, op de bar dansen, leuke dingen doen, uit eten, sporten, mijn tijd op de halve marathon verbeteren en ik zou nu ook nooit meer een vriendje krijgen. Dat was ook ongeveer het eerste wat ik, toen de tranen eenmaal begonnen te stromen, tegen mijn moeder mompelde. Eerst 'ik vind het zó erg voor jullie' en toen tussen het snikken door: 'En ik heb ook al geen vriendje!' Het voelde bijna alsof dat net zo erg was als het feit dat ik ziek was.

Het rare is dat meer mensen dit gedacht hebben toen ze het hoorden. Maar terwijl ik het achteraf te dramatisch van mezelf vond, vonden anderen dat gelukkig niet. Ik heb het zelfs aan vrienden verteld en die hoefden niet eens te lachen. Alsof ze zich de eenzaamheid die je onherroepelijk gaat tegenkomen konden voorstellen. Want opeens zijn al die vrienden om je heen niet genoeg. Al heb je de liefste familie en vrienden van de wereld, er komt een moment dat je 's avonds pijn hebt of verdrietig bent en ook al ben je niet alleen op de wereld, op dat moment is er niemand die naast je ligt, een arm om je heen slaat en je stevig vasthoudt. Die zich niks aantrekt van je kale bolletje, die onvoorwaardelijk van je houdt en er voor je is. Ook om drie uur 's nachts. Nu pas leek ik de meerwaarde van 'houden van' te gaan beseffen. En met dat besef begint het tot me door te dringen dat dit iets gaat worden dat ik niet alleen kan.

7

Alle verhalen over wachtlijsten ten spijt kan het toch heel snel gaan in een ziekenhuis. Dacht ik eerst nog dat het ziekenhuis een soort hangplek voor oude en zieke mensen was en ik gewapend met een tas vol tijdschriften om de tijd te doden naar mijn eerste afspraak ging, ben ik er inmiddels twee weken en ettelijke testen later, van overtuigd dat er verdomd weinig op z'n beloop wordt gelaten. Of zou deze soepele gang van zaken liggen aan het stempel 'urgent' in mijn ziekenhuispaspoort? Want nadat ik donderdag het slechte nieuws heb gehoord, belde zuster Wendy me vrijdag voor een aantal afspraken. Als ik naar mijn afsprakenlijst kijk, weet ik direct waarom zieke mensen niet werken. Ze hebben er eenvoudigweg geen tijd voor. Heeft helemaal niks met ziek zijn te maken, zo ziek voel ik me immers niet, maar alle doktersafspraken zorgen de komende week voor een volle agenda. Op maandag heb ik een afspraak staan met de tandarts in het ziekenhuis, dat komt goed uit want mijn eigen tandarts zit nog in Bergen met als gevolg dat ik daar al enige tijd niet geweest ben. Er is me uitgelegd wat de reden van dit tandartsbezoek is. Voor het ondergaan van een chemokuur is het blijkbaar belangrijk dat ik geen onderliggende of onontdekte infecties heb, want mijn weerstand gaat geheid afnemen waardoor deze infecties tot volle bloei kunnen komen. Maar de tandarts is tevreden, op het oog geen nare dingen in mijn mond dus met een waslijst aan instructies mag ik door naar de volgende ronde afspraken. Vanaf vandaag, dinsdag, begint de grote naaldenparade. Bij ieder onderzoek is het nodig een naald ergens in mijn lijf te steken. Niet mijn favoriete behandeling maar ik ben in ieder geval blij dat er iets wordt ondernomen. Het is een drukke dag: een gesprek met de oncoloog, een echo, een thoraxfoto, hartklepmeting en bloedprikken. Bij elke afspraak loop ik weg met een extra waslijst met waarschuwingen en maatregelen. Met als belangrijkste: als je ziek wordt, al is het midden in de nacht, ga dan direct naar de EHBO. Ik begin te denken dat het hebben van kanker niet alleen een zware wissel trekt op je agenda, maar meer nog op je verstandelijke vermogens. Echt, kanker is niet weggelegd voor mensen met een slecht geheugen want hoe ga ik dit in godsnaam allemaal onthouden? Ik begin het hier steeds minder leuk te vinden. Normaal is het andersom, hoe meer mensen ik ergens ken, hoe gezelliger ik het vind. Maar nu ik in korte tijd op voornaambasis ben gekomen met diverse artsen en verpleegkundigen, gaat de lol er steeds meer af. Ik begin door te krijgen dat er niks lolligs is aan kanker.

En net op het moment dat ik denk dat ik alles wel gehad heb, komt als laatste van alle testen, het historisch dieptepunt in mijn korte bestaan als patiënt. De biopt. Ik voel me door de wol geverfd. Ik heb alles goed doorstaan, van botscan en MRI en alles wat daarbij komt kijken, naalden en radioactief spul dat in mij wordt gespoten en waar mijn ingewanden vervolgens een paar uur in gemarineerd worden. Ik geef niet eens licht na afloop, wat wel weer teleurstellend is. Hoewel mijn mamsje met alle testen mee is gegaan (voor zover dat mag) heb ik voor de biopt de dappere edoch domme woorden gesproken: ‘nee joh, dit is zo gebeurd, blijf maar gewoon buiten wachten.' Ik weet op dit moment niet dat het nemen van een biopt van een tumor die dicht op het bot zit, het equivalent is van de hel op aarde. Het onderzoek begint uiteraard met een naald maar dit is nog een normale naald, voor de verdoving. Als de verpleegster over een sneetje in mijn huid begint waar zij een holle naald in gaan steken om vervolgens een stukje uit de tumor te halen, krijg ik een vaag vermoeden dat ik wellicht niet helemaal de juiste beslissing heb genomen. Ik heb wel degelijk iemand nodig om mijn hand vast te houden. Maar dat zeg ik niet. Ik zeg niks. Tot die dikke holle naald mijn bot raakt. Bij extreme pijn maakt je lichaam een stofje aan waarmee je jezelf verdooft. Om de pijn te kunnen verdragen. Als het te lang duurt val je gewoon flauw, dan heb je er ook geen last meer van. Ik val nog net niet flauw maar het scheelt niet veel. Na de eerste biopt schreeuw ik het uit van de pijn en lig vervolgens verlamd, roerloos, alsof ik er niet meer bij ben. Daarna worden er nog vier stukjes weggenomen, met een holle naald, door mijn huid, het zachte weefsel van mijn borst heen tot op de tumor en het achterliggende bot. Mijn hele lijf tot in het diepste van mijn ziel, doet pijn. Ik ben compleet verward, hoe kan iemand die mij hoort te helpen, een arts of verpleegster, mij dit aandoen? Volkomen in shock, verdoofd, lig ik na de vijf biopten te trillen op de behandeltafel. Ik ben volkomen van slag door het geweld dat ik in mijn lijf heb gevoeld. Zonder geluid stromen de tranen over mijn wangen. Als de zuster vraagt of ze iemand voor me kan halen, kan ik alleen maar 'mijn moeder' uitbrengen. 'Ze heeft het heel goed gedaan hoor,' hoor ik de zuster nog zeggen als mijn moeder binnenkomt. Ze heeft spijt als haren op haar hoofd dat ze zich door mij heeft laten afschepen. 'Toen ik de zuster hoorde vragen om "mijn moeder" wist ik meteen dat ik dat moest zijn,' vertelde ze me later. Een halfuur later zitten we weer buiten in het Oosterpark. Met mijn hand stevig op mijn borst, ik zweer dat niemand haar ooit meer zoiets gruwelijks zal aandoen. Mijn huid, mijn borst en het hele gebied eronder brandt. Nog weer later bij mijn zus op de bank brandt het getroffen gebied nog steeds. Ik zit de hele avond met mijn hand om mijn borstje, troostend, alsof ik zo een beetje kan goedmaken wat haar is aangedaan.

Tien dagen na de biopt ben ik volkomen geïntegreerd in de wondere wereld van Het Ziekenhuis. In deze tijd moet ik ook wennen aan het idee dat ik borstkanker heb. Werkelijk alles is gecontroleerd en nagekeken, alles is met me besproken en iedereen lijkt te weten wat hij of zij moet doen. Zelfs ik, groentje in deze nieuwe wereld, voel me een expert op het gebied van mijn eigen borstkanker. Maar het is een prettig idee. Want hoe sneller alles verloopt, des te eerder kan ik aan mijn eerste chemokuur beginnen. Liever nog vandaag dan morgen! Het doel van de chemo mag er zijn: een borstsparende operatie in plaats van borstamputatie. Als mijn, inmiddels tot 4 cm uitgegroeide tumor, onder invloed van de chemo kleiner wordt, behoort dit tot de mogelijkheden. Bij een borstsparende operatie hoort dan ook nog een aantal bestralingen, maar daar verdiep ik me nog maar niet in.

Afgezien van het nakomen van alle ziekenhuisafspraken ben ik ook enorm druk met bellen en vertellen. Het bellen van vrienden en dan vertellen dat ik ziek ben, niet zomaar ziek ben, maar zelfs borstkanker heb, is geen pretje. Het is een soort bom die je bij iemand dropt om vervolgens alle bijbehorende clichés aan te horen en zelf uit te spreken. Na het droppen van de bom breng ik het gesprek weer op neutraal terrein en hang na tien minuten weer op. De persoon aan de andere kant van de lijn in verwarring achterlatend. Ooit, in een ver verleden, heb ik advertentiepagina's verkocht voor een nieuw tijdschrift. Keer op keer hield ik aan de telefoon mijn uitgekiende *salespitch*, maar wat er ook binnenkwam: geen advertenties. Dat constateerde mijn baas helaas ook. 'Dus jij bent verbaasd, dat je steeds dezelfde afwijzende reactie krijgt, als je iedere keer hetzelfde verhaal vertelt? Is het niet bij je opgekomen om dan iets anders te vertellen?' Nee, dat was toen niet in mij opgekomen. Maar nu wel, het is tijd voor een frisse wind, bedenk ik me na het zoveelste telefoontje waarin ik iemand de schrik van zijn leven bezorg. Ik probeer het één en ander uit. De luchtige aanpak, de grappige aanpak, de lange inleiding-aanpak of de 'het is niet zo erg als het klinkt'-aanpak. Ik probeer ze allemaal, maar het is met kankergesprekken toch anders dan met salesgesprekken. De reacties zijn keer op keer hetzelfde. Misschien is er gewoon geen leuke manier om te vertellen dat je kanker hebt. Of ik ben er gewoon niet goed in. Zoveel advertenties heb ik toen tenslotte ook niet verkocht.

8

Het is nu op de kop af drie weken geleden dat ik de pingpongbal heb gevoeld en morgen krijg ik mijn allereerste chemokuur. Dat is slechts tien dagen na het eerste slechte nieuws, de allesvernietigende diagnose van borstkanker. Tien dagen! Ik weet niet of dit met de ernst van mijn situatie te maken heeft of omdat ik er zelf op heb aangedrongen snel met de chemo te beginnen. Gisteren, nadat alle tests voorbij waren, ging ik voor de uitslagen naar mijn oncoloog. Het heeft wel iets. Ik ken deze man niet, ik had hem ook niet willen kennen maar toch heb ik het opeens over mijn oncoloog. Niet gewoon een oncoloog of de oncoloog maar de mijne. Mijn oncoloog vindt dat denk ik niet erg. Ik ben dit keer een stuk minder ontspannen dan ruim een week geleden. Toen was ik op een vreemde uitgelaten manier gespannen. Mijn grootste angst is natuurlijk dat er uitzaaiingen zijn gevonden. Als dat zo is dan kan de toekomst er wel eens minder rooskleurig uitzien dank ik tot nu had bedacht, zoveel had ik ook wel weer op internet opgezocht. Vriendelijk maar volkomen emotieloos vertelde mijn oncoloog dat er geen uitzaaiingen gevonden zijn. Ik denk dat de term doktersface een betere omschrijving is dan pokerface. Waarom bracht hij dit met zo weinig enthousiasme? Dit is retegoed nieuws en dat had hij wel met wat meer tromgeroffel mogen brengen! Dit nieuws lijkt mij voldoende reden om elkaar op de schouders te slaan, een vreugdedansje te maken en de champagne open te ploppen. Maar dan had ik toch te vroeg gedanst. In ieder geval in mijn eentje. Er zijn weliswaar geen uitzaaiingen gevonden (dat is een plusje), de tumor is echter niet hormoongevoelig (dat vond mijn oncoloog duidelijk een minpuntje) en hij is behoorlijk agressief (minpuntje erbij). Gelukkig bevindt er zich wel weer een ander positief werkend gennetje (waar ik de naam van vergeten ben) in mijn tumor en dat bracht het aantal plussen en minnen op een gelijkstand. Ik vind eigenlijk nog steeds dat mijn tumor het al met al niet slecht heeft gedaan! Het is alleen jammer dat ik altijd meer wil, dus ondanks de niet-uitzaaiingen baal ik nu toch van het niet-hormonale karakter die deze agressieveling heeft. Wel hormonaalgevoelige tumoren zijn volgens mijn oncoloog beter na te behandelen middels een hormoonkuur en nu ik dat weet, wil ik dat ook. Voor het voorgestelde behandelplan maken alle plussen en minnen niks uit. Ik krijg zes keer, om de drie weken, een chemokuur (dat is achttien weken en dat is weer vierenhalve maand en dat klinkt verdomd lang). Na deze chemokuren is mijn tumor in het meest gunstige geval tot een dusdanig formaat gekrompen dat ze de restanten ervan kunnen weghalen tijdens een borstsparende operatie. Na de operatie volgt nog de bestraling en dan ben ik een jaar verder en ga ik gezond, tumorloos en enigszins radioactief de zomer in. Ik mag hopen dat het dan een mooie zomer wordt, want tot die tijd mag ik niet meer in de zon. De rest van deze zomer gaat aan mij voorbij want chemo en zon gaan niet goed met elkaar wat jammer is want ik ben normaal gesproken niet van het strand af te slaan.

Gek genoeg zijn we, mijn moeder en ik, ook tijdens dit gesprek weer betrekkelijk rustig. Ik denk direct oké, het is dan wel kanker en het is een kloteziekte maar er is gelukkig nog wel iets aan te doen. En ik ga alles op alles zetten om hier weer gezond uit te komen. Geen enkel moment, niet toen en tot nu toe op geen enkel ander moment, heb ik eraan getwijfeld dat ik dit ga overleven. Ik was er die dag en ben er nog steeds van overtuigd dat ik dit varkentje wel even ga wassen.

Ik spreek de laatste tijd meer vrienden dan ik ooit voor mogelijk heb gehouden en krijg meer kaarten dan ik in mijn hele leven ontvangen heb. Als ik ooit een verkering vind, wat dit jaar wel lastig gaat worden vermoed ik, en ga trouwen, denk ik niet dat ik meer post ga krijgen dan nu. Vandaag is de grote dag van de chemo aangebroken en ik heb er zin an! Ik voel me goed. Zie er ook goed uit zegt iedereen. Misschien bedoelen ze eigenlijk dat ik er goed uitzie voor iemand met kanker. Het maakt me niet uit. Ik heb voor elkaar gekregen dat ik de dag na de uitslag direct aan de chemo kan beginnen. Ik voel me zo goed dat ik me bijna niet kan voorstellen dat ik deze eerste kuur niet met twee vingers in de neus door ga komen. De sfeer is goed, ontspannen, en dat komt omdat ik geen idee heb wat me te wachten staat. Pap en mam gaan mee deze eerste keer, gezellig. Ik ken niemand die ooit chemo heeft gekregen en ik heb me er verder ook niet echt in verdiept. Ik weet na alle gesprekken met verpleegkundigen natuurlijk dat ik er kaal van ga worden. Ik weet ook dat er wederom een naald aan te pas komt en ik vermoed dat ik er ziek van kan worden. Maar hoe erg en wanneer? Het is één groot raadsel. Ik had er alles over kunnen lezen in de vele boekwerken die ik van het ziekenhuis mee naar huis heb gekregen. Ik had ook van alles op internet kunnen opzoeken. Maar dat heb ik allemaal niet gedaan. Ik heb er namelijk een goed gevoel over en een goed gevoel moet je niet verpesten door allemaal overbodige informatie te lezen. Wat voor de ene persoon geldt, gaat voor de ander niet op. Ik ga er vooralsnog van uit dat deze eerste keer een peulenschil wordt en dat alle ongemakken mij bespaard gaan blijven. Maar het blijft vreemd, van de meeste dingen die je doet, heb je ongeveer een idee wat het met je gaat doen. Dat komt denk ik omdat je de meeste dingen uit vrije wil doet of omdat het je leuk, spannend, gezellig of wat dan ook lijkt. Kortom, je hebt er van tevoren over nagedacht en toen bedacht welk gevoel het je gaat geven. Dat heb ik dus niet met chemo. Maar ik moet er zo wel aan geloven. De chemokamer lijkt rechtstreeks afkomstig van de set van *Sex & the City*, die aflevering waar Samantha zich laat botoxen. Een paar comfortabele stoelen op een rij, wel in vrij lelijk groen en het zou zomaar kunnen dat de schoonheidsspecialiste zo binnenkomt om me een facial te geven. Maar in plaats daarvan komt mijn oncoloog binnen. Mijn vader verlaat het toneel op het moment dat de naalden tevoorschijn komen, mijn moeder zet haar bril wat beter op zodat ze alles goed kan zien en ik lig opeens stijf van de stress in mijn schoonheidsbehandelstoel. Ik prent mijzelf in dat het geen vergif is dat ik in mijn lijf krijg maar medicijnen en dat ga ik de hele kuur volhouden. Ik moet en zal beter worden en de chemo gaat mij daarbij helpen. De chemo wordt mijn beste vriend die ik elke drie weken verwelkom in mijn lichaam. Zo zie ik dat en zo houd ik het vol om me de komende tijd iedere keer op te peppen voor de volgende kuur. Zes chemobehandelingen in totaal en na vandaag nog maar vijf.

Ik moet zeggen: het valt niet tegen! Afgezien van de naald die de volle tweeënhalfuur in mijn arm blijft zitten, gebeurt er niets engs. Het duurt vooral lang, ik moet achter elkaar niezen en een koude druk verspreidt zich in mijn hoofd en holtes, maar verder geen centje pijn! Als dit een chemokuur is dan snap ik niet waar iedereen altijd zo moeilijk over doet! Dat laatste begrijp ik iets beter als ik rond zes uur 's avonds thuis naar de overblijfselen van de Thaise roerbakschotel staar die in een emmer drijven. Mijn moeder houdt mijn haar uit mijn gezicht. Tussen al het overgeven door bedenk ik dat dat de volgende keer in ieder geval niet meer nodig is. Dan is mijn haar er allemaal af. Al kotsend gaat de eerste nacht na mijn eerste chemo voorbij. Een nacht waarin ik direct de wijze les leer om de avond na een chemo niet je favoriete maaltijd te eten. Kans is heel groot dat die met volle kracht terugkomt. Dan staat je favoriete maaltijd voor altijd op de zwarte boodschappenlijst door het alom bekende pavlov-effect. Voortaan eet ik een omelet na de chemo, daar word ik altijd al misselijk van. Omdat de dag ondanks de paar *barfjes* in de nacht voorbeeldig gaat, besluit ik aan het eind van de tweede dag alle hulptroepen naar huis te sturen. Het is mooi weer, ik ben vrij dus ik kan er maar beter van genieten en dat gaat beter met vrienden dan met mijn moeder. Ook mijn moeder brengt inmiddels het pavlov-effect bij mij teweeg. Is mijn moeder er, dan moet ik naar het ziekenhuis. Een date voor de rest van de dag is snel gevonden. Als je kanker hebt, willen heel veel mensen leuke dingen met je doen en zo vaar ik 's avonds relaxed over de grachten. Ik vraag me nogmaals af of dit het nu is. Heb ik wel voldoende chemo gekregen?

Ik denk toch dat ik afgelopen dinsdag meer dan voldoende chemo heb gehad want twee dagen verder ben ik te moe en lusteloos om maar uit bed te komen. Geen hulptroepen, geen verkering en geen puf om uit bed te gaan, betekent ook geen eten. Ik wil wel wat eten maar weet niet wat. Ik wil wel in bed blijven maar weet eigenlijk niet waarom. Ik begin het te begrijpen, de effecten van een chemokuur zijn zo grillig als de verschijnselen van een zwangerschap. Afgezien van het overgeven, zie ik meer overeenkomsten met een zwangere. We hebben allebei een bult waar we ongeveer negen maanden zoet mee zijn en allebei vanaf willen. Door die bult verandert ons dagelijks ritme, onze geur en smaak. Vooral dat laatste zorgt ervoor dat ik geen zuivelschap meer voorbij kan lopen zonder er een pak vla uit te rukken. Waren voorheen twee ijsjes per zomer mijn gemiddelde, ik zit daar na één chemo al ver overheen. Voor pannenkoeken fiets ik om en voor een *tuna melt* sandwich mag je me wakker maken. Alles wat ik nooit at, eet ik nu wel, en vice versa. Ik heb mij alleen nog niet aan de zure bommen gewaagd. Grillig of niet, vrijdag na mijn chemokuur zit ik op De Parade. Voor het eerst in mijn leven niet aan de rosé, maar aan de *ice tea*, en toch geniet ik des te meer. Ik ben vastbesloten om alle hoogtepunten van deze zomer mee te maken en me vooral niet af te laten leiden door bijzaken zoals kanker en chemokuren. Ik heb alle zomer- en nazomerevenementen waar ik bij wil zijn in mijn agenda staan en, nog beter, in mijn hoofd zitten. Het moet gek lopen als ik niet alles kan doen waar ik mijn zinnen op heb gezet. Ik mag dan wel kanker hebben, ik ben in de eerste plaats mijzelf. De angst om leuke dingen te moeten missen is op dit moment groter dan de angst voor het ziek zijn.

9

Vanmorgen ben ik op tijd opgestaan, heb voor mezelf een lekkere fruitshake gemaakt en mijn haar geföhnd en me opgemaakt. Ik was rond 8.45 op mijn werk. Ik heb de ochtend gewerkt, afdelingsoverleg gehad, geluncht met leuke collega's en ben weer naar huis gegaan. Omdat Nederlanders bij de eerste de beste regendruppel op hun remmen gaan staan, sta ik op weg naar huis, toch al om 14.00, in de file. Dat irriteert me. Het wordt nog irritanter omdat door de regen mijn geplande tennisafspraak niet door kan gaan. Ik ga lopend onder een paraplu naar de supermarkt en koop gezond eten. Een doorsneedag sinds ik aan de chemo zit. Behalve dat ik vandaag, na de boodschappen, voor het eerst op mijn knieën naast mijn spiegel ben gaan zitten. Met mijn handen veeg ik de haren bij elkaar die er vanmorgen en de afgelopen weken tijdens het föhnen zijn uitgevallen. Het zijn er veel meer dan ik had verwacht en daar schrik ik van. Het uitvallen van mijn haar is nu echt begonnen en ik weet even niet meer wat ik moet voelen. 's Avonds lig ik op de bank, zoals ik wel vaker een avondje op de bank doorbreng. Alleen heb ik nu het gevoel dat ik van elke avond moet genieten, eropuit moet, nu het nog kan. Nu ik nog haar heb. Het voelt alsof ik mijn tijd verspil met op de bank hangen en tv kijken. Binnenkort begint mijn volgende chemokuur dus ik zou toch meer leuke dingen moeten doen? Ik krijg een mailtje van een vriend van me. Hij zegt dat alles wat ik nu al ben, dat ook zal blijven, ook als ik ziek ben. Hij sluit af met de zin dat ik een prachtvrouw ben. Dat denk ik ook. Maar zo voelt het niet altijd. Een prachtvrouw zou weten wanneer ze de hulp, vriendschap en gezelschap van anderen moet vragen. En dat moet ik vanavond, verdrietig op de bank, nog leren.

Ik word kaal, daar is niet aan te ontkomen. Ik wist het van tevoren dus het komt niet als een schok of verrassing. Ik weet ook dat het weer aangroeit. Het is maar zoiets kleins in het hele proces van genezing. Dat zegt iedereen om me heen en ben ik van de weeromstuit ook maar gaan zeggen en geloven. Maar dat is allemaal rationeel gelul. Emotioneel is het gewoon zwaar kut. En ik zit erbij en kijk ernaar. Signaleer het verdriet maar laat het niet binnendringen. Ik kan er nog niet om huilen of iemand om hulp vragen. Ik kan het namelijk wel aan. Alleen. Voorlopig.

Kaal worden gaat soms gepaard met haarpijn. Dat is het gevoel dat je hebt als je een te strakke paardenstaart midden op je hoofd hebt gehad en dan je haar losgooit. Ik ben het stadium van haarpijn al voorbij als ik besef dat het nu echt niet meer kan. Grote kale plekken sieren mijn volledig witte schedel en hier en daar zit nog een vet plukje haar dat als dood gras op mijn hoofd ligt. Eerder al was ik met mijn beste vriendje HJ naar een pruikenwinkel geweest voor een kritische blik en dit keer wijst hij me subtiel op mijn semikale hoofd. Volgens HJ zie ik eruit als een nazihoer na bevrijdingsdag. De meeste van mijn vrienden kunnen daar niet om lachen, maar foute grappen doen het bij mij in dit soort situaties altijd goed. Het haar dat ik nog heb, is het aanzien niet meer waard. Het verdient het om er afgeschoren te worden. Een goede taak voor mijn zus. Het absurde aan de hele situatie is dat ik me nog steeds zo goed voel. De chemo's gaan lekker, ik voel me beter dan ooit en kan daarom moeilijk accepteren dat er blijkbaar iets 'slechts' in mijn lichaam zit. Door mijn kale kop wordt het nu voor iedereen maar vooral voor mijzelf ontzettend duidelijk dat ik ziek ben. Ik denk dat je lichaam zelf regelt hoe snel je haar uitvalt. Dat, zodra je er sterk genoeg voor bent, het moment daar is dat je helemaal kaal bent. Mijn haar begon precies drie weken na mijn eerste chemokuur ernstige gebreken te vertonen. Ik voel dat ik er nu helemaal klaar voor ben en vraag mijn zus om mijn resterende plukjes met de tondeuse af te scheren. Het is niet erg, het voelt zelfs wel lekker zacht. Het is een opluchting dat de laatste rare plukken er nu af zijn en ik kan de rest van de avond niet van mijn eigen kale hoofd afblijven. Ergens heeft het toch wel iets. Ik zie mijzelf voor het eerst kaal. Het is een bizar gezicht. Geen van mijn vrienden is zo kaal. En laten we eerlijk zijn, iedereen is er toch wel eens benieuwd naar hoe hij of zij er kaal uitziet? Net zoals je wel zou willen zien hoe je eruit ziet met je ogen dicht? Ik ben nu kaal en het valt niet tegen. Ik heb een mooie ronde schedel en helemaal geen plat achterhoofd zoals de kapper altijd tegen me heeft gezegd. Een beetje bruin zonder zon zou wonderen doen voor mijn schedel maar daar begin ik nog maar niet aan. Als ik heel eerlijk ben, ben ik kaal knapper dan met haar. Mijn haar was toch al niet om over naar huis te schrijven en omdat ik verhalen heb gehoord van mensen die na een chemo wonderbaarlijk mooi haar terugkregen, zijn mijn verwachtingen hooggespannen. Ik moet er alleen nog zo verdomd lang op wachten.

De dag nadat mijn haar eraf is geschoren, doe ik nog mee aan een hardloopwedstrijd. Ik ren maar vijf kilometer in plaats van mijn gebruikelijke tien, maar mijn vreugde als ik over de finish kom is er niet minder om. Met een triomfantelijk gebaar trek ik mijn hoofddoekje van mijn hoofd! Het is mijn laatste echte krachtsinspanning voor de komende tijd. Deze ziekte gaat me er niet onder krijgen. Integendeel, ik word er sterker van!

Een paar dagen later, als ik terugfiets na mijn controle bij de oncoloog, ben ik daar alleen maar meer van overtuigd. Ken je het gevoel dat een enkele opmerking of handeling je leven in één seconde volledig op zijn kop kan zetten? Alsof je een muntje opgooit en kop is blijven leven en munt is doodgaan. Alle spanning die zich opbouwt in de tijd van het opgooien en het moment net voor de munt de grond raakt, komt er in één keer uit als je ziet op welke kant de munt is gevallen. Het is kop. Dat gevoel van ontlading heb ik bij de controle vandaag. Na wat vragen en het betere voelwerk schat mijn oncoloog dat de tumor bijna vijftig procent kleiner is geworden! Al na twee chemokuren! Mijn muntje valt op kop! Ik wil hem wel zoenen maar dat zou onze arts-patiëntrelatie ernstig schaden en dat wil ik nu ook weer niet. Ik had nergens op gehoopt maar had wel stiekem het vermoeden dat de tumor iets kleiner aanvoelde. Niet dat ik er veel aanzit, nooit eigenlijk. Maar toch, ergens voelde ik een goede vibe en nu ben ik door het dolle dat ik en mijn tumor het zo goed gedaan hebben. Dit gevoel van spanning en opluchting had ik niet toen ik voor de eerste uitslag bij hem kwam. Maar nu ik weet dat er een kans is dat ik tegen al mijn verwachtingen in toch niet onsterfelijk ben, zijn dit soort uitslagen het beste wat me kan overkomen.

10

Inmiddels ben ik aanbeland bij chemokuur nummer vier. Ik ben zenuwachtig en weet niet waarom. Feitelijk ben ik hiermee over de helft maar in de praktijk moet ik gewoon nog drie kuren doorstaan. Maar omdat iedereen zo blij is omdat ik nu over de helft ben, ben ik dat ook maar. Alsof ik het lot wil tarten, ben ik te laat van mijn werk vertrokken en moet ik naar het Amstelstation racen om daar op tijd mijn moeder op te halen. We, nou ja, meer mijn moeder, hebben besloten dat ik na deze chemokuur met haar mee naar Bergen ga. Ik vind het prima, mijn bed kom ik de dagen na de behandeling amper uit, dus voor mijn vrienden die voor me zorgen is het ook een beetje lou loene. Vraag me niet waarom ik in godsnaam de ochtend voor de vierde kuur ben gaan werken. Als ik ooit nog een keer chemokuur krijg, ga ik het hoofdstuk Werk in ieder geval anders aanpakken. Maar die keer komt niet meer. Mag nooit meer komen, denk ik bij mijzelf. Gehaast en gestrest komen we aan bij mijn chemoclubje. Waar andere mensen een yoga- of bridgeclub hebben, heb ik mijn chemoclubje. Er zijn bijna altijd dezelfde mensen: mager, kaal en niet zo knap ziek als ik. Want hoe ziek ik ook ben, ik probeer er wel iets van te maken. Zonder pruik maar met sjaaltjes die passen bij de rest van mijn kleren. Ik zal niet lelijk ten onder gaan maar met rechte rug en kekke outfit.

De reis naar het huis van mijn ouders duurt lang, er is een ongeluk gebeurd en pas na twee uur waarvan ruim een uur in de file zijn we thuis. Een ritje waar we normaal gesproken veertig minuten over doen. Meestal voldoende reden voor mij om zwaar geïrriteerd te raken, dat korte lontje wordt echt niet minder als je kanker hebt, maar ik heb er dit keer geen puf voor. Ik ben kapot, heb geen energie meer en voel de medicijnen door mijn lichaam razen. Zoals ik ze ook voel als ik aan het infuus lig. Terwijl ik dit schrijf, ruik ik weer de misselijkmakende geur van de chemovloeistof, de FEC-kuur. Ik proef het ook in mijn mond, ijzerachtig en zo smerig. De geur van chemo is de geur van verderf, van urine vermengd met zweet en ziekte. Al in de auto voel ik hoe de energie langzaam uit mijn lichaam verdwijnt, mijn hoofd en gevoel gaan op slot. Ik zit in de auto maar ben er niet helemaal meer bij. Ik zit achterover in de ruststand en bereid me in mijn eentje voor op wat er komen gaat.

Ik weet van de vorige drie kuren dat ik veel zal overgeven, botpijn ga krijgen en na drie dagen volledig uitgeput ben door gebrek aan energie en eten. Eten krijg ik niet naar binnen en water smaakt niet naar niks maar gewoon vies. Door me af te sluiten bereid ik me voor. Waarom is deze vierde behandeling zoveel erger dan de vorige drie? Heb ik te veel gedaan, te weinig rust genomen? Ben ik er misschien toch niet klaar voor, had deze chemo uitgesteld moeten worden? Op het moment dat de misselijkheid op komt zetten, krijg ik ook hoofdpijn. Of maakt de hoofdpijn me misselijk? Het daglicht is te veel aan mijn ogen. Al mijn botten doen zeer, ik houd nog geen slok water binnen als ik al een slok water wil. Nooit heeft water me zo slecht gesmaakt. Vier dagen in bed, in het donker, zonder veel eten en drinken doen wat met je. Het lijkt nooit over te gaan en ik voel me zo ontzettend slecht. Hoe langer de hoofdpijn aanhoudt, des te neerslachtiger ik word. Ik heb het gevoel dat er iets met me gebeurt waar ik geen vat op heb. Er voltrekt zich een oorlog in mij en ik kan er niks meer tegen doen behalve overleven. Anders dan andere keren heb ik dit keer niet het gevoel dat ik bij machte ben er iets aan te doen. Normaal gesproken ben ik na elke kotssessie weer even, al was het maar een paar minuten, bij kennis. Om even naar mijn moeder te lachen of bij te komen. Dit keer gebeurt dat niet, ik kom niet meer bij. Mijn lichaam is er, maar ik zelf ben in geen velden of wegen te bekennen. Nog erger dan alles is het gevoel dat dit langer dan twee dagen zal gaan duren. Als iemand nu tegen me zou zeggen dat dit maar eventjes duurt, ik erdoorheen moet, zou ik het niet geloven. Het voelt alsof het nooit meer beter wordt. Dit keer voel ik naast de hoofdpijn (die qua intensiteit inmiddels migraine overstijgt) en misselijkheid zo verdomd weinig. Hoofdpijn en misselijkheid zijn te verklaren maar deze pijn komt ergens anders vandaan. Mijn gedachten zijn zwaar en zwaarte is het enige wat ik voel. Ik denk dat ik me dicht bij de dood voel staan. Ik ben in het diepste, zwartste gat van mijn leven gevallen en er is werkelijk geen enkel lichtpuntje te zien.

Het enige wat mijn moeder deze dagen voor me kan doen, is mijn lippen en voorhoofd met een washandje natmaken en zo nu en dan bij me komen zitten. Ik wil alleen nog maar dat mijn moeder me vasthoudt, me in haar armen neemt en mijn pijn en verdriet weg laat gaan. Ze houdt me vast als ik zeg dat ik het liefste weer dat kleine meisje wil zijn op het strand in Spanje, toen ik zes was, onwetend van wat me te wachten staat.

In mijn droom zie ik mijzelf zitten, blond halflang engelenhaar. Ik zit een stukje verder dan mijn zus die met nog twee vriendinnen in het zand zit. We hebben allebei een badjasje aan, het is een zwart-witfoto, maar ik weet nog dat zij een rode met witte strepen had en ik een blauwgestreepte. Mijn badjas valt een beetje open, je ziet mijn jonge meisjeslichaam dat net zo goed van een jongetje kan zijn. Mijn blonde haar valt een beetje voor mijn ogen en ik zit weg te dromen. Fantaserend over verre landen en grote avonturen. Dat meisje wil ik zijn, ik wil naar haar toe, in al haar onschuld. Onwetend van alles wat haar nog staat te gebeuren, onwetend van alle pijn die ik nu voel. Vandaag voel ik me zo slecht dat ik alles zou willen geven om daar weer te zitten spelen. Ik wil dat meisje weer zijn, klein en onbevangen. Ik hou van haar en zou willen dat ze nooit hoeft door te maken wat ik nu doormaak. Dat ze voor eeuwig zo puur en onaangetast blijft. Ik zou willen dat mijn moeder dat kleine meisje vastpakt en haar geruststelt dat alles goed komt. De pijn zit overal. In mijn lijf, mijn hoofd, mijn gedachten en mijn hart. De pijn wordt verergerd door het idee dat er geen einde aan gaat komen. Geen lichtpunt binnen bereik. Als ik maar een sprankje hoop had dan zou ik me daarop kunnen richten. Maar dat heb ik niet en dat vind ik zo zielig voor het meisje op het strand.

11

Ik heb altijd gezegd dat de chemo en de tumor me er niet onder zouden krijgen. Hoe ziek ik ook ben, hoe vaak ik boven de wc hang op een dag, hoe moe ik ook ben en hoeveel haar en gewicht ik ook verlies. Het is alleen allang geen wandeling door het park meer. Waren de eerste chemo's nog goed te doen, vanaf de vierde hakten ze er behoorlijk in. Soms zie ik in de eerste dagen na een chemo geen enkel lichtpuntje, op die dagen kost het me zelfs moeite om naar de douche te lopen. Het effect van de chemo wisselt in heftigheid. Ik heb records verbroken met meer dan tweeëntwintig keer over mijn nek gaan gedurende één nacht, die een eeuwigheid leek te duren. Niet alleen voor mij maar ook voor mijn zus die bij me sliep en de volgende dag weer aan het werk moest. Maar ik heb ook artsen versteld doen staan met een wonderbaarlijk snel slinkende tumor. Iets wat hard nodig was, want een borstsparende operatie uitvoeren bij een cup A als de tumor ongeveer net zo groot is als de borst zelf, wordt ietwat lastig. Mijn voornemen deze zomer niks te missen heeft standgehouden, ik heb alle feestjes waar ik bij wilde zijn meegemaakt en ben op sommige zelfs tot het eind gebleven. Ik ben tussen de chemobehandelingen door weekendjes weg geweest, en heb al die tijd gedaan alsof ik niet ziek was.

Ik ben wel eens thuisgekomen uit de kroeg om er thuis, voor de spiegel, pas weer achter te komen dat ik de enige in de kroeg was met een hoofddoekje. Moslima's zoeken de Finch nu eenmaal niet vaak op. Ik heb vooral genoten, van mijn vrijheid, mijn vrienden en mijn leven. Er zijn zoveel momenten dat ik me echt gelukkig voel, dat ik weet waarvoor ik door al deze ellende ga. Ik heb immers maar één wens en dat is leven.

Maar nu ben ik moe. Ik heb het gehad. Ik maak me zorgen. Ik snap werkelijk niet waarom ik moe ben en nergens zin in heb. Ik zie als een berg op tegen de volgende kuur. Weliswaar de laatste maar dat maakt niet uit, ik moet er toch doorheen. De vorige twee behandelingen waren zo zwaar, ik was niet alleen lichamelijk maar ook geestelijk aan het eind van mijn Latijn.

Ik zie als een berg op tegen de komende, laatste behandeling. Want het idee dat ik mij weer zo ziek ga voelen en al mijn gedachten weer zo zwart zijn is allesoverheersend. Steeds heb ik de kuren in een normaal perspectief kunnen plaatsen. Was er altijd, maar dan ook altijd, licht aan het eind van de tunnel. Naarmate de laatste kuur nadert kost het me steeds meer tijd er lichamelijk en geestelijk klaar voor te zijn. Het is nu zondag en ik heb nog maar een dag voor ik weer aan de drip moet. Voor het zover is moet maandag natuurlijk eerst mijn bloed geprikt worden. Want als ik niet voldoende gezonde rode en witte bloedlichaampjes heb aangemaakt de afgelopen drie weken, gaat het hele feest niet door. Het rare is, hoezeer ik er ook tegen opzie en hoe kut ik me ook voel, deze laatste kuur ga ik niet uitstellen. Ik ben nu zover gekomen, ik ben vastbesloten om de kuur zonder uitstel af te maken. Je moet wel een hele grote jongen zijn om mij daarvan te weerhouden. Maar er is niemand die dat probeert. Het voelt als een overwinning als ik dinsdag in de stoel lig. Ik heb de zes behandelingen zonder oponthoud afgemaakt. Dit is mijn zesde en laatste chemo, kom maar op, ik ben er klaar voor. Chemo is raar spul. De zusters pakken de zakjes met handschoenen aan. Niet alleen voor mijn eigen veiligheid maar ook voor die van henzelf. Zo giftig is dit spul voor een niet-ziek mens. Chemo maakt niet alleen alle kankercellen kapot maar eigenlijk alles in je lijf. Het is zo agressief dat het littekenweefsel veroorzaakt op de aders waar het ingespoten wordt. Als ik de binnenkant van mijn onderarm ergens tegenaan stoot, ga ik soms door de grond van de pijn. Mijn aders zijn niet meer al te best. Ik heb mij nooit afgevraagd of ik goede of slechte aders heb, maar inmiddels is mij wel duidelijk dat ik het daar niet van moet hebben.

Het aanbrengen van het infuus is een pijnlijke aangelegenheid geworden waarbij ik meer dan eens op het punt heb gestaan de arts in opleiding te hoeken. Maar ik heb me ingehouden. Ook de keer dat de arts in kwestie zelfs na zeven keer prikken niet de juiste ader wist te vinden en heel voorzichtig aan mijn moeder vroeg om de tas die naast mijn stoel stond even te verplaatsen. Ik durfde niet te kijken maar ik vermoed dat het bloed, dat ik inmiddels als warme en dikke stroop over mijn arm voelde druipen, anders op mijn tas zou komen. Dat was, kortom, weer een ervaring die ik liever vergeet. Maar vandaag is de laatste keer. Omdat je van zo'n laatste keer wel een beetje een feestje moet maken en het bovendien mijn feestje is, vind ik dat ik dit keer een cadeautje verdien. Ik kijk de zuster heel lief aan. Mag ik alsjeblieft, omdat het de laatste keer is, geprikt worden door de Meester Prikker himself, dokter De Valk. Mijn oncoloog, die waarschijnlijk wel betere dingen te doen heeft dan het zetten van een infuus maar die werkelijk nog nooit mis heeft geprikt. Alleen al de gedachte dat hij mij gaat prikken, maakt me wat rustiger. Het is echt mijn geluksdag, de zusters zijn me goedgezind en roepen mijn oncoloog erbij. Hij doet wat er van hem verwacht wordt, prikt pijnloos, in een keer goed. Ik ontspan en laat de medicijnen voor de laatste keer hun werk doen.

12

God, wat voelt dit geweldig, zalig, top, en wat voel ik me sterk. Als er een God is, wat ik overigens zwaar betwijfel, dan hoop ik dat dit ook zijn verdienste is. Want als je de macht hebt om mensen ziek te maken dan zul je ook wel in staat zijn ze goed te laten voelen. En dat voel ik me. Vandaag, morgen, overmorgen en hopelijk voor altijd wil ik dit gevoel vasthouden. Oké, ik ben er nog wel niet maar toch. Ik denk dat het komt omdat ik echt blij ben dat de chemo's over zijn. Dat ik mij nu zo lekker voel omdat ik me begin te realiseren dat het ook echt bijna voorbij is. Ik voel me beter dan na alle andere kuren, hoef me lekker niet meer op te laden voor de volgende. Ik kan me zorgen gaan maken over de operatie maar daarvan weet ik de datum nog niet eens. Ik had vandaag zelfs weer zin om *The Style Council* op te zetten, in mijn kamer te dansen en de longen uit mijn lijf te zingen op mijn favoriete Alleen In De Kamer Dansnummer. Maar ik ben nog te snel buiten adem. Ik sta op met het idee dat ik de wereld aankan. Dat kan ik ook, tot een uurtje of 13.00 en daarna kan de hele wereld me gestolen worden. Dan wil ik lekker binnen zitten, niks drinken, eten, lezen, niemand zien of spreken.

Rust en ik zijn geen goede combinatie. Als ik het heel erg druk heb, verlang ik ernaar maar zodra ik het heb, word ik er juist onrustig van. Rust is saai in mijn gedachten. Maar mijn herstellende lichaam dwingt me te rusten en dus nestel ik me toch maar met een cracker in mijn oranje stoel. Gelukkig heeft mijn zus het een en ander voor me opgenomen en is Oprah Winfrey, de hoop van zieke en werkeloze mensen, iedere middag op tv. Lang leve O!

Nu ik me weer zo goed voel, moet ik vaak denken aan een van mijn beste vriendinnen, Maran. In 2001 overleed ze op 19 april. Ik noemde haar altijd Apje omdat haar toenmalige vriendje haar ook zo noemde en zijzelf ook. Blijkbaar zat er een zwakke plek in haar hersenen wat niemand wist en zo kon het gebeuren dat ze op secretaressedag, tijdens een leuk verhaal en het eten van de taart van haar stoel afgleed en zomaar dood was. Kwestie van een paar seconden. Later hoorde ik dat het een zekere Marie Antoinette was geweest die secretaressedag had uitgevonden. Aangezien Maran altijd zei dat haar naam een afkorting van Marie Antoinette was en ze als de dood was dat men haar op het werk voor secretaresse in plaats van office manager aanzag, kon de timing wat dat betreft niet beter. Maar dat maakte haar overlijden niet minder erg en abrupt. Ik denk ook aan alle andere mensen, bekenden en onbekenden die geen kans hebben gehad. Dit jaar was een andere goede vriendin van mij zwanger. Ze was uitgerekend eind april maar haar kindje werd drie weken te vroeg geboren. Op tijd om levensvatbaar te zijn maar een agressieve bacterie maakte na slechts 48 uur een einde aan dit kersverse mensje. Ook dit was mij een beetje te spontaan en te snel. En al helemaal niet eerlijk. Regelmatig lees ik in de krant over, vaak jonge, mensen die plotseling overlijden. Een berichtje op dinsdag in *Het Parool*, over een voetballer van 28 jaar die tijdens een training is overleden. Later las ik ergens dat hij die vrijdag zou gaan trouwen. Bij een vriendin hangt een overlijdensbericht ingelijst in de gang, een vriend van haar verkering, leeftijd 40 jaar. Hij was niet lekker, ging naar het ziekenhuis en overleed op de operatietafel. En vandaag weer op het werk, een collega die ik niet ken, 34, net bevallen van haar tweede kindje en ze overlijdt drie dagen erna aan een longembolie. Ik weet niet precies wat een longembolie is maar ik weet wel dat ze geen kans heeft gekregen. Waar waren de beschermengeltjes van mijn vrienden en onbekenden toen ze die nodig hadden?

Ik heb door de chemokuren de kans van mijn leven gekregen. De kans om te blijven leven. Ik heb meerdere keren gewenst dat ik die vrijdag in Frankrijk niet mijn borsten had ingesmeerd. Als ik het allemaal niet geweten had, had ik nu een geweldig jaar achter de rug. Met haar, en zonder zorgen. De vraag is alleen hoeveel jaren er na dit jaar dan nog waren geweest. Onwetendheid voelt veilig, zeker voor mij, maar dat is het niet altijd. Ik heb geluk gehad, ik heb mijn mogelijke doodsoorzaak op tijd ontdekt. Ik denk dat ik niet een maar honderd engeltjes om me heen heb vliegen, die niet stil op mijn schouders gaan zitten en afwachten maar er alles aan doen om ervoor te zorgen dat ik de kans die ik heb gekregen ook daadwerkelijk met beide handen aangrijp. Die hebben er samen met mij voor gezorgd dat de tumor na een paar chemokuren al voor de helft kleiner was. Nee, ik heb niet het gevoel dat ik pech heb dat ik een tumor heb. Ik heb het gevoel dat ik alle geluk van de wereld heb. Omdat ik een kans heb gekregen om beter te worden en verder te leven. In tegenstelling tot veel anderen.

Hoe goed ik me vandaag ook voel, toch heb ik vanmorgen gehuild. Het gebeurt me ondanks alles niet echt vaak dat ik moet huilen. Ik geloof tot nu toe slechts vier keer. De eerste keer toen ik het hoorde, daarna toen ik Ellen moest vertellen dat ik ziek was, die keer dat ze mij martelden tijdens de biopt en ten slotte tijdens de vierde kuur toen ik dacht dat mijn hoofd door een botte bijl in tweeën werd gespleten en ik geen lichtpuntje meer zag. Het waren mijn moeilijkste en heftigste momenten, de keren dat ik huilde. Maar vanmorgen was een ander verhaal. Net voordat ik een tandenstoker tussen mijn voortanden wilde duwen zag ik het. Een wimper. En niet zomaar een wimper, een extra lange wimper, waar zelfs Maybelline trots op zou zijn! Voorzichtig gevoeld, zit ie los of vast? Maar nee, de wimper zat vast en toen zag ik er nog één en daarna zag ik niks meer vanwege de tranen in mijn ogen. Het is geen fraai gezicht, rode neus en oogleden door de verkoudheid en nu ook nog die tranen. Maar dat kan me niet schelen want ik ben zo blij dat er weer iets aangroeit in plaats van uitvalt. Hét bewijs dat ik op de goede weg zit en mijn lichaam de kans om te leven met beide handen aangrijpt.

13

Vijf weken later is het zover. De dag voor de operatie. Op een rare manier kijk ik er echt naar uit. Ik ben nog nooit geopereerd en heb geen idee wat me te wachten staat. Maar in tegenstelling tot de chemokuur is dit in ieder geval een fase in mijn genezingsproces die niet zo godvergeten lang gaat duren. Alleen daarom al heb ik er zin in. Ik kan me ook niet voorstellen dat ik er net zo ziek van zal worden dus ik zie er niet tegenop. Om deze fase nog wat te verkorten heb ik het voor elkaar gekregen dat ik de avond voor de operatie niet in het ziekenhuis hoef te slapen. Mijn eigen bed ligt toch het lekkerst en een nachtje na de operatie lijkt me meer dan voldoende. Ik ben wederom verbaasd over de bijna militaire precisie waarmee een operatie wordt voorbereid. Ik geloof dat ik met iedere verpleegkundige op de afdeling heb kennisgemaakt. Zaalhoofd, afdelingshoofd, vervangend hoofd, mijn chirurg kwam nog even langs, tussendoor kwam de nachtzuster zich ook nog even voorstellen en zo ging het maar door. Hoogtepunt van de dag was wel de vraag van de afdelingszuster of ik wel helemaal lekker was. Zus en ik keken elkaar aan, het antwoord lag volgens zus redelijk voor de hand. Echt lekker ben ik volgens haar nooit geweest.

Het enige nadeel van thuis slapen op de nacht voor de dag van mijn operatie is dat ik er behoorlijk vroeg uit moet. Mijn operatie staat gepland om 10.30 en dan vinden ze het toch wel fijn als ik er rond halfacht ben. Het is een kleine opoffering op mijn weg naar beter worden. In het ziekenhuis gaat alles zoals ik had verwacht. Afgezien van het uitblijven van een jonge, knappe dokter die als een blok voor mij valt, is het net zoals je op tv ziet. Iedereen komt weer even langs om een praatje te maken, bloeddruk op te meten en mijn blauwe ziekenhuisnachthemd te brengen, en net voor de operatie krijg ik twee pilletjes tegen de zenuwen. Die had ik tot op dat moment niet maar als je zo met je neus op de feiten wordt gedrukt, word je daar spontaan zenuwachtig van dus ik neem ze toch. Ik lig in een kamer met een grote Surinaamse dame, minstens cup dubbel E, met hetzelfde euvel als ik. Een tumor die er borstsparend uitgehaald wordt. Mijn tumor lijkt echter op miraculeuze wijze verdwenen. Dat zou problemen kunnen opleveren bij een operatie waarbij een tumor verwijderd dient te worden maar dat is niet zo. Mijn dokters weten uit vorige foto's waar mijn tumor zich ongeveer heeft schuilgehouden en gaan nu het gebied van mijn zeer afgeslankte tumor en alles daaromheen verwijderen. Klinkt mij als een solide plan in de oren. Voor de operatie word ik nog ingespoten met een blauwe vloeistof. Op deze manier kunnen ze tijdens de operatie zien waar de grootste lymfklieren zitten en of daar al dan niet uitzaaiingen in zitten. Als een tumor aan de wandel gaat, pakt hij bij voorkeur als eerste de hoofdlymfklieren en die zitten bij iedereen weer ergens anders. Alhoewel de oksel wel de meest voor de hand liggende plek is. Ik maak me geen zorgen, ik weet namelijk dat dit niet zo is. Net zoals ik wist dat al mijn botten en organen schoon zouden zijn. En net zo zeker als ik wist dat de chemo mijn tumor zou aanpakken. Bovendien, het is Sinterklaas vandaag, ik heb wel een mooi cadeau verdiend.

Toch is het eerste wat ik doe als ik wakker word, de linkerkant van mijn lijf checken. Niet omdat ik bang ben dat ze mijn borst er alsnog hebben afgehaald maar omdat mijn chirurg heeft gezegd dat als ze mijn lymfklieren hebben verwijderd, er een drain aan die kant komt te zitten. Ik kijk, er zit niks. Ik wil niet arrogant overkomen maar ik had ook niks anders verwacht. Dit is mijn dag. Over de wonden zit een groot stuk huishoudfolie getrokken. Voor zover ik het kan inschatten ziet het er prima uit. Een klein hapje onder uit mijn borst en twee sneeën waar ze een stukje uit mijn lymfen hebben genomen, een onder mijn linkeroksel en een op mijn middenrif. Ik heb van tevoren gehoord dat je voor je onder narcose gaat aan iets moois moet denken omdat je dan lekkerder uit de narcose komt. Dat is gelukt. Ik heb opeens veel meer begrip voor alle junkies, zo moet het zijn om een goede trip te hebben. Ik kan me niet veel meer van de narcosetrip herinneren, maar wel dat ik ergens was waar alles mooi, groot, kleurrijk, zonnig en iedereen gelukkig leek. Ik was bijna teleurgesteld dat ik door de verpleegsters wakker werd gemaakt. Om naar huis te mogen moet ik naar de wc geweest zijn en zelf kunnen douchen. Dat kan ik wel, bovendien wil ik graag naar huis dus zelfs al kon ik het niet, dan deed ik het toch. Bijna val ik nog door de mand als ik onder de douche de rode substantie van het huishoudfolie afspoel. Het lijkt op bloed en bij de gedachte daaraan krijg ik een acute wegtrekker. Bloed en ik zijn een slechte combinatie.

Amper twee weken na de operatie ga ik voor de laatste controle langs mijn oncoloog en chirurg. Als alles goed gaat en de littekens er goed uitzien, trekken zij hun handen van mij af. Dan ben ik in het OLVG in principe klaar en mag ik door naar het Antoni van Leeuwenhoek Ziekenhuis voor de laatste lange fase: de bestraling. Bijna zwevend verlaat ik een uurtje later het OLVG. PARADEPAARDJE! Ik ben het PARADEPAARDJE van het OLVG. Dat heeft mijn oncoloog mij zojuist zelf verteld. Ik denk dat het voor hen ook wel eens leuk is een patiënt te hebben bij wie alles goed gaat. De chemo was geen pretje, maar ik heb wel alles volgens schema gedaan. Door de chemo was mijn uit de kluiten gewassen tumor volledig verdwenen, iets wat zij zowel wonderbaarlijk maar ook een beetje dubieus vonden. Echter, ook op de foto's was geen spoortje van de tumor meer te zien. Als laatste hoogstandje onderging ik de operatie, die niet alleen borst- maar ook lymfensparend kon worden uitgevoerd. Bij deze laatste controle was ik weer zo goed als gezond. Dit gecombineerd met hoe ik alles heb doorstaan, maakt mij volgens mijn oncoloog tot een paradepaardje. Tien meter boven de grond zweef ik op de fiets naar huis. Er zijn niet veel dingen waar ik de laatste tijd goed in kon zijn. Geen werk, geen sport, geen verkering. Maar dit plaatst alles in het juiste perspectief: ik ben gewoon heel erg goed in beter worden!

Met kerst verwoordt mijn moeder wat we allemaal voelen, het mooiste kerstcadeau is het feit dat we deze kerst met het hele gezin kunnen vieren. 's Avonds bij de traditionele nachtmis (die ik jaren met grote tegenzin uitzat) dringt de situatie pas ten volle tot me door: hoe anders hadden we hier kunnen zitten. Een groot gevoel van dankbaarheid overvalt me. Ik neem me voor voortaan altijd kerst met mijn ouders te vieren.

14

Mijn huidje moet zo'n zes weken herstellen na de operatie maar na een keertje proefdraaien is het dan eindelijk zover, mijn eerste echte bestraling. Voor een blondje zoals ik, die al verbrandt in de schaduw, die tot voor kort altijd richting het strand ging met de volledige Nivea zonnebrandcollectie in haar tas variërend van factor 30 voor neus, oren, knieholten en overige uitstekende delen tot factor 6 voor de armen, is de gedachte om blootgesteld te worden aan intensieve bestraling bepaald geen onverdeeld genoegen. Dat de stralen van de zon een totaal ander effect hebben dan radiotherapie vergeet ik gemakshalve maar even. Ik heb me wederom niet al te veel verdiept in bestraling zodat het verrassingseffect optimaal is. Radiotherapie is hard werken, alleen in het weekend ben je vrij maar verder is het een dagelijks terugkerend ritueel. Een ritueel dat in het AVL als volgt gaat. Je wacht bij de aan jou toegewezen machine, kleedt je uit in een minuscuul pashokje en mag dan door naar de bestralingsruimte. Twee verpleegkundigen zijn vervolgens tussen de twee en twintig minuten bezig om je goed neer te leggen. Armen in precies dezelfde positie als vorige keer. Rug, billen, benen, hoofd, nek, alles moet precies zo zijn als de eerste keer. Soms werkt je lijf mee, soms werkt het tegen. De bestraling zelf duurt maar drie seconden. Drie seconden! Dat is niet veel waar voor je geld, ook al krijg ik in het totaal zevenendertig keer drie seconden. Ik kan me bijna niet voorstellen dat dit ergens goed voor gaat zijn. Laat staan dat het kwaad kan. Maar dat kan het blijkbaar wel degelijk. Goed is het alleen voor de mogelijk overgebleven kwaadaardige cellen die niet op de chemo hebben gereageerd. Kwaad kan het voor je huid, je DNA-structuur, je goede cellen, je bloedvaten, je, nou ja, alles eigenlijk. Daarbij komt dat de radiologe mij in het voorbereidende gesprek ook niet echt heeft gerustgesteld. Na haar toch al niet opwekkende praatje over alle mogelijke bijwerkingen sloot ze af met de 'belofte': 'De bestraling gaat altijd door, ook als je open wonden hebt. Dan verzorgen we je, doen er desnoods een zalfje op, maar daarna word je gewoon weer bestraald.' De No Mercy-aanpak, dat beleid zouden meerdere instanties eropna moeten houden dan zou de wereld er heel anders uitzien! Al met al ben ik er gemiddeld een halfuurtje per dag mee kwijt. Een halfuurtje waarvan drie seconden onder het bestralingsapparaat. Drie seconden waarbij iedereen in de bestralingskamer zich vliegensvlug uit de voeten maakt en op een schermpje meekijkt of ik wel stil genoeg blijf liggen.

Inmiddels loop ik al ruim een maand voor lul met één blauwe borst en een raster aan rode strepen op mijn bovenlijf. Het blauwe is van de contrastvloeistof die er vóór de operatie is ingespoten en vrijwel elke zuster die ik tegenkom (en dat zijn er best veel) vindt het enorm grappig mij te vertellen hoe lang het kan duren voordat het weg is. Dit kan namelijk een paar maanden tot een jaar duren. Arme ik. Het raster aan rode strepen is zorgvuldig aangebracht zodat de bestralingszusters en -broeders mij precies zo kunnen neerleggen als de voorgaande keren en ze er dus zeker van zijn dat ik elke keer op precies dezelfde plek bestraald word. Als je denkt dat dit met een heel speciale verf wordt gedaan heb je het mis. Te midden van de meest kostbare en futuristische medische apparatuur wordt hiervoor gewoon een Eddingstift gebruikt. Wel een rode graag. Ik heb er zelf ook maar eentje aangeschaft want een Eddingstift houdt niet heel goed op het menselijk lichaam. Ik vraag me af of ik deze kosten ook ergens kan declareren.

Ondanks mijn tere huidje heb ik hoegenaamd geen last van bijwerkingen. Het enige voelbare effect van de bestraling is een niet tegen op te krabben jeuk aan mijn bestraalde borst. Wat tot gevolg heeft dat ik, waar ik me ook maar bevind, regelmatig met mijn hand onder mijn trui, bloes of T-shirt zit om aan mijn borst te krabben. Afgezien van dit kleine ongemakje, ben ik best blij. Voor iedere dag dat ik bestraald word, heeft mijn zus een cadeautje gekocht en in een grote mand gedaan. Mijn collega's hebben een soort van adventkalender gemaakt met heel vieze snoepjes erop, voor iedere bestralingsdag eentje. Omdat ze echt heel erg vies zijn, laat ik ze er maar op zitten, maar het idee is leuk. Op deze manier is ziek zijn helemaal zo erg nog niet.

Tussen alle bestralingen en overvloed aan vrije tijd door durf ik eindelijk naar de film te gaan waar iedereen het al over gehad heeft. *Simon*. Ik ben bang dat het te confronterend is. Een hoofdpersoon die doodgaat aan een tumor is niet echt mijn idee van een gezellig middagje uit. Maar mijn nieuwsgierigheid en de overtuigingskracht van HJ, mijn werkeloze best gay friend winnen het van mijn weerstand. En dus zitten we op een dinsdagmiddag bij de vroege voorstelling in Kriterion. De homo en zijn kale kankervriendin kijken naar een kale homo met kanker en zijn beste vriend. Oprah had het niet beter kunnen bedenken. Ik kan alle mensen die kanker en een beste homovriend hebben aanraden deze film samen te kijken. Hij was in één woord fantastisch. Het liefst zou ik het script willen hebben. Niet alleen om alle kankergrappen die erin voorkomen maar ook om de beschrijving die hoofdpersoon Simon geeft over hoe chemokuur voelt, zo raak en zo ontzettend herkenbaar. Als ik nu weer aan de chemo denk en aan de lauwe ranja die je krijgt dan krijg ik weer een misselijkmakend gevoel over me. De gedachte aan de chemokuur geeft me een nare smaak in mijn mond. Als ik er met mensen over praat of er iets over opschrijf dan maakt het me ook fysiek onpasselijk. Het is onbegrijpelijk hoe groot de impact van dit medicijn op mijn lichaam en geest is geweest en nog steeds is.

15

Een paar jaar geleden besloten een vriendinnetje en ik dat we meer voor de samenleving wilden betekenen. Dé manier om dat te doen, zonder dat het je al te veel geld kost, is vrijwilligerswerk. Grote vraag was alleen: wat voor vrijwilligerswerk? Je zou denken dat het vinden van een vrijwilligersbaantje niet het eerste obstakel zou zijn in onze queeste de wereld een beetje beter te maken, maar in de praktijk werkt dat toch iets anders. Het aanbod op deze markt was weliswaar groot, maar onze wensenlijst was dat ook. Onze perfecte vrijwilligersbaan moest aan de volgende criteria voldoen: allereerst moest het niet té veel tijd kosten, het moest immers wel leuk blijven. Alle baantjes waar je verplicht meerdere dagdelen mee bezig was, vielen daarom snel af. Het moest niet iets zijn met bejaarden. Met name Sabien was daar niet zo van, oude mensen maken haar verdrietig. Ik op mijn beurt heb weer niks met zieke mensen. Sterker, als ik ergens geïrriteerd van word, dan zijn het wel zieke mensen. Ziek, zwak of misselijk, iedereen mag het zijn alleen liever niet bij mij in de buurt. Iets leuks met dieren dan, was mijn suggestie. Nope, dat was weer niet het ding van Sabien. Die wilde wel iets met paarden maar bij een manege hebben ze weer geen vrijwilligers nodig. Die hebben over het algemeen al heel veel zestienjarige paardenmeisjes. Honden, katten of reptielen stonden op de no-go-lijst van Sabien. Bleven er over: gehandicapten. Nu zijn er heel veel mensen die daar ontzettend dol op zijn en goed mee overweg kunnen. Sabien en ik behoren niet tot die categorie. Twee flessen rosé later hadden we nog steeds geen leuke vrijwilligersbaan gevonden. Uiteindelijk bracht een advertentie in *Het Parool* uitkomst. Er werden collectanten gevraagd voor de Nierstichting. Slechts voor een week, collectebus kreeg je er gratis bij én je kon het in je eigen tijd doen. Dit ging werken! Drie weken later hadden we de bussen in huis en konden we van start gaan. Wij zouden wel even ons steentje bijdragen aan de maatschappij. En dan niet door zelf lafjes die hele bus vol stuivers te gooien. Nee, de straat op, aanbellen en zo veel mogelijk mensen bereiken en nog veel meer geld ophalen. We waren de nieuwe generatie weldoeners van de stad Amsterdam. Of in ieder geval van de Rivierenbuurt.

Drie jaar later waarvan negen maanden met kanker, weet ik dat er heel wat meer vrijwilligers rondlopen dan je op het eerste gezicht denkt. Je hoeft geen collectebus onder iemands neus te duwen om iets voor anderen te doen. Ik heb het geluk gehad om aan den lijve te ondervinden dat de maatschappij helemaal niet harder of onverschilliger wordt. Integendeel, als de nood aan de man is of de tumor in de vrouw zit, leer je je stadsgenoten en buren pas echt kennen. Zonder kanker was ik nooit op de thee gevraagd bij mijn onderbuurvrouw, had ik niet gezien dat ze speciaal voor mij allemaal lekkere dingen had ingeslagen en had ik haar verhaal nooit gehoord. Ik had ook niet het telefoonnummer van een andere buurvrouw gekregen, gewoon voor het geval dat. Ik had nooit bloemen gekregen van weer iemand anders uit de straat, gewoon in mijn handen gedrukt toen ze langs me liep toen ik na een chemo een ijsje at bij Pisa. Mensen die voor me opstaan in de tram, een glimlach geven, van herkenning of als troost. Ik weet niet waarom je ziek moet worden om te zien dat naastenliefde echt wel bestaat. Zo zou het niet moeten zijn. Maar het voelt goed, deze extra ervaring die ik heb opgedaan tijdens mijn ziekte. Als ik ooit nog eens vrijwilligerswerk ga doen, mag daar best een zieke, oude, gehandicapte dame tussen zitten.

16

Vandaag is mijn allerlaatste dag als kankerpatiënt. Na vandaag ga ik weer door het leven als normaal mens. Het is woensdag 16 maart, de laatste dag van mijn bestraling en ik neem me voor deze dag nooit meer te vergeten. Na vandaag gaat mijn oude leven weer beginnen. Als ik op mijn gemakje naar het AVL rijd, bedenk ik me dat het ongelofelijk is dat ik de bestraling ongeschonden en zonder open etterende wonden ben doorgekomen. Na zesendertig keer de bestralingsceremonie alleen te hebben doorlopen, zit er dit keer een verrassing op me te wachten. De verrassing zit er al een kwartier maar dat mag de pret niet drukken. Samen met Wendy vier ik mijn laatste keer. Bij gebrek aan champagne doen we dat met een kopje thee in de cafetaria van het AVL. We hadden ook een gehaktbal met jus voor € 3,00 kunnen nemen maar daarvoor was het nog een beetje aan de vroege kant. Nooit in al mijn toekomstdromen heb ik ooit gedacht dat ik nog eens een muffin en een kopje thee zou doen in een kankerziekenhuis. Het is ook niet direct een plek waar je gezellig met je vrienden afspreekt. Zo van, 'héé, ken je die nieuwe tent in het AVL? Moeten we een keer lunchen, hebben ze gehaktballen in jus voor drie euries en het is bij jou om de hoek.' In het AVL kom je drie soorten mensen tegen: mensen die er werken, mensen die op bezoek komen en mensen die kanker hebben. Als je hier niks te zoeken hebt, kom je er niet. Zelfs niet als je heel veel van gehaktballen houdt. Om een voor mij nog steeds wonderbaarlijke reden behoor ik tot de laatste categorie. Nog wonderbaarlijker is dat ik me hieraan heb aangepast, mij thuis ben gaan voelen in een ziekenhuisomgeving. Ik ken de mensen, ik ken hun regels en ik ga erin mee. Een ziekenhuis is voor iemand die er nog nooit is geweest of ermee te maken heeft gehad een volledig ander universum. Met zijn eigen kleding, taal en normen en waarden.

Er zijn wel meer dingen die ik me een halfjaar geleden niet had kunnen voorstellen. Niet had willen voorstellen denk ik. Dat ik nu thuis zit bijvoorbeeld. Op een mooie zonnige maar ook heel erg doordeweekse dag. Dat ik verpleegsters in het OLVG van naam ken en, bijna nog onvoorstelbaarder, zij mij ook. Dat ik vanaf het moment dat ik hoorde dat ik kanker had in een continue maalstroom heb gezeten van ziekenhuisbezoeken, ziekteperiodes, gesprekken met artsen, onderzoeken, bloedprikken en nog veel meer. En dat eigenlijk heel normaal ben gaan vinden. Terwijl ik voorheen al flauwviel bij het zien van een injectienaald op tv. Mijn ogen en zelfs oren dicht deed bij medische programma's. Ik vraag me af op welk moment ik dit normaal ben gaan vinden. Volgens mij ging dat heel snel.

Het enige wat ik wilde zien toen ik eraan begon was het einde. Aan dat einde scheen het zonnetje. Soms fel, soms zwak en enkele keren helemaal niet. Maar ik wist gewoon dat er een einde aan zou komen. Dat neemt niet weg dat de weg ernaartoe verdomd lang was. En dat ik niet halverwege af kon slaan. Er was geen sluiproute te bekennen en even stoppen zat er ook niet in. Het gekke is dat dit, in plaats van me te beangstigen, heel veel rust gaf. Het enige wat ik hoefde te doen, was elke afspraak braaf op komen dagen. Gewoon, op mijn fiets stappen en richting het OLVG fietsen. Ik kan de route dromen. Scheldestraat uit, rechts Ceintuurbaan af, brug over, Wibautstraat oversteken, langs het bakkertje waarvan ik de naam nog steeds niet weet, de straat in gaan en dan was ik er al. Ik heb vaak even stilgestaan, op die brug over de Amstel. Dan scheen de zon en was ik moe van het korte stukje fietsen. Als ik over het water richting Carré keek, raakte ik ontroerd door het mooie ervan. Het water, de lucht, de Amsterdamse huizen, mensen op de fiets. Zalig. Ik denk dat mensen eens wat vaker op een brug moeten stilstaan. Om een beetje te genieten van wat er te zien is. Om ervan te genieten op de momenten dat het kan.

Vandaag ga ik ook genieten. Ik heb mijn laatste behandeling voltooid, mijn opleiding tot gezond mens is afgerond, ik ben kankerpatiënt af. Antoni van Leeuwenhoek Ziekenhuis, Koolmees *has left the building*. Voorgoed!

17

Ik ben beter verklaard en ik baal. Ik baal ervan dat ik ook deze fase weer volgens 'het boekje' doe. Ik heb weliswaar nog steeds geen enkel boek over kanker gelezen maar wel veel verhalen gehoord van alle ervaringsdeskundigen. Zij zeggen dat als je eenmaal weer beter bent, je je pas echt realiseert wat je allemaal is overkomen, dan pas ga je het beseffen en verwerken. En verdomd, het klopt. Tot mijn grote spijt. Want in plaats van zorgeloos te genieten, draaien mijn gedachten overuren en dat ben ik niet van ze gewend. Ik twijfel over alles (dat deed ik überhaupt al, maar dat terzijde). Ik pieker, ik ben bang en voel me helemaal niet blij en opgelucht terwijl ik dat wel verwacht had. Als je mij voor ik ziek werd had gevraagd hoe mijn ideale dag eruit zou zien, had ik vast iets groots en meeslepends geantwoord. Want dat was het leven dat ik wilde leiden. De persoon die ik wilde zijn. Nu is mijn antwoord dat ik morgen gewoon wakker wil worden zonder dat ik borstkanker heb gehad. Dat is alles wat ik vraag, simpel toch? Maar zo simpel is het niet.

Ik heb borstkanker gehad en ik zou dus heel erg van alles moeten genieten. Zo gaat dat toch als je op het randje van de afgrond hebt gebalanceerd? Of de dood in de ogen hebt gekeken? Alleen zo werkt dat bij mij niet. Natuurlijk ben ik blij dat ik mijn tumor overleefd heb, maar ik heb eerlijk gezegd nooit een seconde getwijfeld dat dat niet het geval zou zijn. Geen enkele keer, niet toen ik het slechte nieuws te horen kreeg en in alle weken, maanden daarna, heb ik gedacht dat deze tumor mij eronder zou krijgen. Een foutje van de natuur, dat is het. Een vergissing, de verkeerde tumor in het verkeerde lijf. Ik ben ook geen kankerpatiënt, al word ik wel zo genoemd, ik voel dat niet zo. Ik heb een tumor gehad, tijdelijk, een eenmalige actie. Misschien is het daarom, het feit dat ik nooit heb gedacht dat deze tumor mij zou nekken, dat ik nu ook niet optimaal kan genieten. Eigenlijk ben ik verongelijkt en kwaad op de tumor die mij een jaar van mijn leven heeft gekost. En nog erger, mij mijn onbezorgdheid heeft ontnomen. Ik ben blij dat alles achter de rug is, maar waarom kan ik dan niet mijn zorgeloze oude leventje oppakken? Ik heb het gevoel alsof ik in een volgende fase van mijn leven terecht ben gekomen waar ik nog helemaal niet had willen zijn. Mijn leeftijdsgenoten gaan een nieuwe fase van hun leven in omdat ze iets positiefs meemaken; ze krijgen een baby, gaan samenwonen, trouwen, emigreren enzovoort. Ik kom in een andere fase door iets negatiefs en dat is verwarrend en ook lang niet zo leuk als bijvoorbeeld trouwen. Op een of andere manier kan ik mijn oude en snelle leven van veel uitgaan en hard werken niet loslaten. Misschien komt dat omdat ik niet weet wat er in de plaats moet komen. Ik ben jaloers op Sabien en haar verhalen als ze uit is geweest. Het ene bacchanaal volgt op het andere, de vrijdagavonden worden alleen maar leuker nadat ik om een uurtje of twaalf ben afgehaakt. Ik wil dat ik weer in de lampen kan hangen of kan dansen tot het licht wordt. Maar ik heb er nog geen energie voor en eerlijk gezegd ook geen zin in. Ik probeer uit alle macht de draad weer op te pakken maar het geeft me weinig voldoening meer. Ergens in mij leeft het idee dat ik daadwerkelijk iets moet veranderen in mijn drukke en hectische leven, wil ik over een jaar niet weer met een knoeperd van een tumor rondlopen. Alleen klopt deze gedachte weer niet met mijn 'eenmalige foute actie' gedachte. Ik wil niet denken aan de toekomst. Wil niet weten hoe mijn leven eruit gaat zien. Ik wil in het nu leven maar weet niet goed meer hoe dat moet. Ik wil niet meer denken aan het feit dat ik ziek ben geweest en aan alles wat ik de afgelopen tijd heb doorstaan. Alleen tegen mijn zus en vriendin Marlies spreek ik uit waar ik het bangst voor ben: namelijk dat het weer terugkomt. Dat ik dan, met de kennis die ik nu heb, alles opnieuw moet doorstaan. En dat ik dan nog steeds alleen ben. Ik snap niet dat ik wel borstkanker kan krijgen, maar geen verkering.

18

Be careful what you wish for. Als ik één tip aan de mensheid zou moeten geven dan zou het dat zijn. Want wie kent die mop niet van die man die van de geest in de fles drie wensen mag doen. Na wens een en twee (respectievelijk heel veel geld en een bloedmooie vrouw) is zijn laatste wens een lul tot op de grond. Hij krijgt heel korte beentjes. Ik ben de man met de korte beentjes. Ik wilde altijd al krullen, liefst zwarte maar later ging ik ook wel voor gewoon blonde. Ik heb zelfs op mijn vijftiende een permanentje genomen, maar dat was toch niet hetzelfde als echte krullen. Ik wilde altijd meer pieken en dalen in mijn leven. Achteraf wilde ik natuurlijk alleen pieken, maar dat klinkt zo hebberig. Pieken én dalen dus. Die heb ik wel gekregen. Althans, als je borstkanker een dal en geen afgrond noemt. Zes chemokuren, een operatie en zevenendertig bestralingen verder kan ik wel zeggen dat al mijn wensen zijn uitgekomen. Zelfs mijn krullen heb ik gekregen. Zo zie je maar, al je wensen kunnen uitkomen, het is alleen de vraag welke prijs je ervoor wilt betalen. Het goede nieuws is, dat ik volgens de wetten van een goede mop, nog één wens over heb! En die bewaar ik maar even tot ik echt weet wat ik wil, tot ik alle scenario's van die laatste wens van voor naar achter, van boven naar beneden en van rechts naar links heb bekeken.

Misschien kom ik dan wel tot de conclusie dat er niks meer te wensen is en dat ik gelukkig ben met wat ik heb.

Juli alweer. Ik realiseer het me zodra ik het opschrijf. Over een week is het een jaar geleden. Een jaar geleden dat iemand die ik niet kende en ook niet had willen kennen, tegen mij zei: 'reken maar op een jaar'. Het was veel meer deze mededeling dan het feit dat ik een kwaadaardige tumor in mijn borst had wat me paniek aanjoeg. Ik rekende op minder dan een jaar. Een jaar klonk mij, iemand van de kortetermijnplanning, als veel te lang in de oren. Nu, een week voordat ik een jaar verder ben, ben ik al een heel eind gekomen. Ik werk, ik loop weer hard, heb gisteren met golf handicap 24 gespeeld. Ik ben gelukkig. Nee, dat laatste nog niet. Na de eerste euforie toen alle behandelingen klaar waren, zie ik het nu wat somberder in. Er is zoveel met mij gebeurd de afgelopen maanden dat ik nog een beetje moet wennen aan mezelf. Ik moet voor het eerst in mijn leven rekening met dingen houden, mijn energie goed verdelen, op 'mijzelf passen' (als ik ergens onpasselijk van word is het wel als mensen dat tegen me zeggen en geloof me, één keer per dag is niks). Daar word ik bij tijd en wijle niet echt vrolijker van. Mijn oude onbezorgde leven is definitief voorbij en in mijn nieuwe leven heb ik nog niet heel erg veel vertrouwen. Ik weet nog niet eens of ik mijzelf zo wel leuk vind, piekerend en peinzend met al mijn twijfels en angsten. En dat is toch wel een voorwaarde om gelukkig te zijn.

Vandaag is het precies een jaar geleden dat ik de uitslag kreeg. Drie testen op één dag. Even wachten voor het beste resultaat en dan de uitslag in een onpersoonlijk kamertje van de internist. Waar niks je kan afleiden van het grote nieuws dat hij je vertelt. Alsof dat überhaupt zou kunnen. Beseffen internisten dat ze met één zin iemands leven volledig ondersteboven kunnen zetten? Krijgen ze dat ook mee in hun opleiding? Slapen ze goed als ze op een dag tien slechtnieuwsgesprekken hebben gehouden? Vinden ze het erger als ze het tegen een jong iemand zoals ik moeten zeggen of maakt leeftijd niet uit? Allemaal vragen die pas later bij me opgekomen zijn, een jaar later om precies te zijn. En nu hoef ik het antwoord niet meer te weten. Als iemand een jaar getrouwd is, samenwoont, ouder is geworden, stuur je een kaartje. Ik zou ook wel een felicitatiekaartje willen. 'San, gefeliciteerd met je eerste post-borstkanker rebirthing.' Maar ik vraag me af of iemand daaraan denkt. Ik zou het zelf ook vergeten als het om iemand anders ging. Feit is dat dit wel een soort van hoogtepunt is, dat ik min of meer alleen vier. Ik vraag me af hoeveel hoogtepunten een leven heeft en hoeveel ik er nog in mijn eentje mee ga maken. Na mijn klaagzang heeft mijn zus de datum direct in haar agenda gezet. Volgend jaar verwacht ik van haar zeker een kaartje, bloemen en misschien wel *champoppel*!

Ik probeer deze dag als een nieuwe start te zien. Om mijn oude 'lang leve de lol' leven achter me te laten, de kankerperiode te vergeten en opnieuw te beginnen. Iemand zei tegen me dat ik niet meer de oude zal worden, maar wel beter. Daar geloof ik wel in, maar ik zal het wel zelf moeten doen. Dus niet zitten wachten tot mijn cadeautje eindelijk voor de deur staat (inderdaad, we hebben het hier weer over een verkering) maar gewoon proberen om elk uur, elke dag, elke maand, elk jaar te genieten. Niet te veel te moeten van mezelf maar het gewoon laten gaan en loslaten. Dat lukt me soms al vrij goed. Tijdens mijn ziekte was ik alleen bezig met 'beter worden' en nu ik beter ben komt het aan op de verwerking van alles. Dat is niet altijd even gemakkelijk. Maar ik leef en voel me goed en gezond. En als ik ver in de tachtig ben en met mijn zus in bejaardentehuis Het Laatste Zuchtje zit, hoop ik dat ik er ook nog 'lang en gelukkig' aan toe kan voegen. Ik ben in ieder geval weer op de goede weg.

19

Ik ben beter maar ik wil mijzelf en iedereen ook bewijzen dat ik beter ben. Een lichte vorm van bewijsdrang kan ik niet ontkennen. Laten zien dat het goed met me gaat, dat ik niet alleen hersteld ben maar ook nog iets van de oude Sandra heb, niet in een suffe muts veranderd ben. Dat ik nog steeds alles kan en durf als voordat ik kanker kreeg. Vorige zomer heb ik daarom eerst een tatoeage laten zetten. Niet omdat dat een langgekoesterde wens van me was maar omdat ik iets wilde doen waarvan ik dacht dat het bij de oude Sandra paste. De Sandra die niet tien keer nadenkt voor ze een drankje neemt. Die niet als eerste naar huis gaat om energie te sparen. Die niet op zichzelf moet passen of het rustig aan moet doen. En die zeker niet het gevoel heeft dat alle spontaniteit, onbezonnenheid uit haar leven is verdwenen. Samen met de tumor, dat dan weer wel. Ik wilde iets doen dat een beetje mijn oude ik terug zou halen. Waarin ikzelf en mijn vrienden iets van de oude Sandra zouden herkennen. Ik wilde zo graag mijzelf weer herkennen. Het werd een tatoeage. Een zelf ontworpen plaatje, met een symbool van kracht en onsterfelijkheid erin en een *frangipane* als symbool voor vrouwelijkheid en bloei. Ik heb hem zonder een seconde na te denken op mijn huid laten zetten. Terwijl ik normaal gesproken altijd moeite heb met het nemen van beslissingen, was dit een peulenschil. 'Doe maar ergens op mijn schouder en in een leuk kleurtje.' Alsof ik er niet de rest van mijn leven aan vast zou zitten. Maar het argument dat tegenstanders van tattoos altijd hebben, dat je er als tachtigjarige lichtelijk mee voor lul loopt, gaat voor mij niet meer op. Als ik de tachtig haal, geloof ik niet dat het hebben van een tatoeage mijn blijdschap ook maar enigszins tenietdoet. Ik overleefde het zetten ervan overigens maar ternauwernood. Onder het toeziend oog van twee vriendinnen en de volledige tattooshop, werd ik tijdens het tatoeëren steeds bleker, sprongen mijn ogen bijkans uit hun kassen en kreeg ik uiteindelijk wat ananas van de eigenaar om een beetje bij te komen. Hij had nog nooit iemand gezien met zo'n angstige blik. 'Ik dacht dat je flauw zou vallen of halverwege zou willen stoppen.' Maar ik deed geen van beide.

De tatoeage was blijkbaar niet voldoende. Een zomer later wilde ik alweer meer. Een tweede tatoeage leek me gezien het flauwvalgevaar geen goed idee. Bovendien, het bewijs dat ik nog steeds tot ondoordachte dingen in staat was, had ik met de eerste tattoo al geleverd. Het ging me er nu om dat ik wilde bewijzen dat ik er fysiek weer was. Het hebben van haar op mijn hoofd was niet meer voldoende. Ik wilde ook niet meer horen dat ik het rustig aan moest doen als ik er een keer moe uitzag. Hoe lief het ook is bedoeld, het benadrukt alles wat ik ooit ben geweest maar niet meer ben. Gezond, zorgeloos, iemand waar je je geen zorgen over hoeft te maken. Het werd een marathon. Niet zomaar een marathon maar in het kader van hoe groter hoe beter, de New York Marathon. Als je iets doet, of het nu bestrijden van kanker is of een marathon lopen, moet je het wel goed doen. Wederom, zonder er al te lang over na te denken, zat mijn aanmelding op de bus en een paar weken later was het eerste deel van mijn reis betaald. Ik kon niet meer terug.

20

Niemand in mijn omgeving heeft ooit een marathon gelopen. Althans, dat dacht ik. Later kwam ik erachter dat mijn tante er ook een heeft gelopen. Op haar vijftigste nota bene. Maar zij heeft 'm ook echt gelopen, gewandeld dus, dus dat telt eigenlijk niet.

Er zijn mensen die een marathon hun hele leven op hun *things to do*-lijstje hebben staan, maar daar behoor ik niet toe. Ten eerste omdat ik nooit de ambitie heb gehad om er een te lopen en ten tweede omdat ik mijn '*things to do in this lifetime*-lijstje' altijd zo snel mogelijk afwerk. Dingen staan er nooit al te lang op. Mijn moeder heeft ooit de uiterst wijze woorden gesproken dat je beter spijt kan hebben van iets wat je hebt gedaan dan van wat je niet hebt gedaan en daar houd ik mij nog steeds aan. Ik had, voor ik ziek werd, zelfs nooit over een marathon lopen nagedacht en ik denk niet dat ik het ooit maar een seconde zou hebben overwogen als ik niet ziek was geworden. Hardlopen is volgens mij de enige sport waarbij echt helemaal niks meer gebeurt op het moment dat je stopt met lopen. Je moet je ene been voor het andere blijven zetten anders sta je stil en ben je niet meer aan het sporten. Verder vind ik het echt een sport voor einzelgängers, saai en redelijk uitputtend. Kortom, een echte hardloper ben ik niet. Maar het is wel een sport waar ik net een beetje mee begonnen was. Liep ik vroeger een keer per jaar een rondje door het Vondelpark, nu had ik voor ik ziek werd mijn eerste halve marathon gelopen. Dat vond ik toen meer dan genoeg, twee uur is te overzien en bovendien wacht er aan het eind van die twee uur altijd een boel gezelligheid. Een paar maanden voor de ontdekking van mijn tumor had ik zelfs mijn tweede halve marathon gelopen. Ik heb me vaak afgevraagd hoe dat kan. 21 kilometer lopen in een kleine twee uur terwijl je een ziekmakende tumor in je lijf hebt. Ergens zou je het toch moeten voelen? Hoe kan je een dergelijke sportieve prestatie neerzetten als een tumor je gezonde cellen aan het vernietigen is? Ik denk dat dat de reden was dat ik zo graag was blijven lopen toen ik ziek werd. Ik identificeerde hardlopen met de tijd dat ik nog gezond was. Naast dat het ook een kwestie was van niet kunnen. Juist als ik iets niet kan of mag, wil ik het opeens heel graag. Dat is ongetwijfeld ook de reden waarom een bezette man leuker is dan een vrijgezelle. Wat helaas niet zo'n briljant uitgangspunt is voor een relatie. Wat een marathon betreft, als ik gezond ben kan ik rennen, alleen dan heb ik er niet altijd zin in. Juist toen ik ziek was, wilde ik rennen. Veel en ver. Ik denk dat iedereen een marathon kan rennen. Als je het maar graag genoeg wilt. Het zal niet voor iedereen gezond zijn maar ik ben er zeker van dat het kan. Het lopen van een marathon alleen was dus niet genoeg. Ik wilde hem ook nog in een redelijke tijd lopen. Mijn streeftijd werd vier uur. Dat schijnt de tijd te zijn waarin een beetje getrainde hardloper 'm loopt. Het lopen van de marathon in vier uur heeft een aantal voordelen. Er staan nog lekker veel supporters langs de weg en het is nog lang licht. Als je 'm in vijf uur loopt (nog steeds een redelijke tijd) zijn de aantallen supporters gehalveerd en wordt het in New York al schemerig. Na vijfenhalfuur kom je niet meer op de lijst van marathonlopers in *The New York Times* en dat alleen al was voor mij reden genoeg om het in vier uur te willen doen. Ik heb niet alleen last van bewijsdrang maar ik ben ook competitief. Als ik zwem, doe ik stiekem wedstrijdjes met de ouden van dagen die naast me zwemmen, zij weten van niks, ik win altijd ondanks de voorsprong die ik ze geef. Als ik aan het trainen ben, probeer ik eerder bij de brug te zijn dan de rondvaartboot of de roeiers die langs mij varen. En als ik met een zware boodschappentas terugfiets van de supermarkt probeer ik die zo lang mogelijk in mijn hand te houden in plaats van aan mijn stuur te hangen. Puur en alleen om te kijken of ik het volhoud. Ik houd het altijd vol. Ik geef niet op. Om de marathon in vier uur te lopen, moet er wel getraind worden. Ze zeggen dat je verslaafd kan raken aan hardlopen. Dat je in een soort van trance komt hoe langer je loopt. Ik heb dat niet. Ik vind hardlopen leuk maar de voldoening als ik klaar ben vind ik nog leuker. Ik vind het leuk om buiten te zijn maar dan had ik net zo goed op de fiets kunnen springen. De enige reden dat ik het trainingsschema van drie maanden waarin ik vijf dagen in de week moest hardlopen, één dag een andere sport mocht doen en één dag rust had, heb volgehouden, is dat ik zo ontzettend vastberaden was om binnen die vier uur over de finish te gaan.

Trainen voor de marathon is een extra baan. Drie maanden lang heb ik het gevoel gehad dat ik een topsporter was. Mijn dagen stonden in het teken van hardlopen. Moest ik 's avonds ergens zijn waar ik niet onderuit kon, dan liep ik 's morgens. Het hele weekend werd afgestemd op mijn trainingsschema en ook mijn werkschema tot groot verdriet van mijn toenmalige uitgever. Het gevoel zo hard voor iets te werken deed iets met me. Had ik eerst keihard gewerkt voor iets waar ik niet voor gekozen had, nu was het anders. Hier had ik wél voor gekozen, ik had zelf de *lead* en controle over mijn training, de marathon en mijn eindtijd. Los daarvan gaf het trainen me ook rust. Ik hoefde verder niks behalve werken en lopen. Lopen en werken. En tussendoor de normale dingen zoals slapen en eten. Zelfs uitgaan werd minder een 'verplichting'. Voelde ik me normaal gesproken een suffe muts als ik op vrijdag thuis op de bank zat, nu maakte me dat niet uit. Ik had immers een reden. Ik moest een marathon lopen. Het lopen van een marathon geldt voor mij als het ultieme bewijs dat ik weer gezond ben. Een lange neus naar mijn tumor. Ik denk dat het trainen voor de marathon mij de rust gaf om bij te komen. En tegelijkertijd iets bijzonders neer te zetten.

21

Bij een marathon komt er een moment dat je lichaam je van je geest losmaakt en zelfstandig verder gaat en er geen verband meer is tussen die twee. Je hoofd, je gezond verstand, ongeveer alles in je zegt dat het zo goed is. Dat het beter is om te stoppen, dat je eigenlijk niet meer door moet gaan, dat het niet meer gezond is. Dat zegt je verstand. Maar je lijf heeft er ergens nog wel zin in, is er klaar voor. Het gaat door, houdt vol, weet toch de energie ergens vandaan te halen. Het is alsof je niet meer kan stoppen, ook al zou je dat het liefste willen. Je hoofd zegt dan wel hartgrondig NEE, je lijf doet net alsof het niet hoort of voelt. Dronken mensen herkennen dit gevoel wel. Toch dat ene, laatste biertje doen terwijl je weet dat je eigenlijk al veel eerder je laatste biertje had moeten nemen. Maar je doet het toch, dat laatste biertje dat pas echt de laatste is als je lam naar huis zwalkt. Heeft iets te maken met sterke geest, zwak lichaam. Of andersom. Ook ik trap hier regelmatig in. Niet met drinken. Althans volgens mij niet, volgens alle testjes van SIRE wel. Maar ik kan slecht stoppen. Ik geef niet op. Ook al weet ik dat het beter zou zijn, dat ik er wellicht zelfs gelukkiger van word om te stoppen, ik doe het niet. Dus toen bij mij het moment kwam dat mijn verstand er eigenlijk wel klaar mee was, was er geen haar op mijn hoofd die er ook maar aan dacht om te stoppen. Ik weet nog precies wanneer ik er nog wel zin in had. Dat was vlak voor het 26-kilometerbordje. Ik zeg met opzet 26 kilometer want 16 miles klinkt zo weinig. Terwijl 26 kilometer echt heel erg ver is. Zeker als je die afstand rennend hebt afgelegd. Na dit punt was ik er opeens niet meer zo zeker van dat het lopen van een marathon leuk was. Vlak vóór de 26 kilometer hadden we namelijk nog enthousiast naar elkaar geroepen dat het 'nog maar' een rondje Ouderkerk aan de Amstel was. Vanuit mijn huis aan de Scheldestraat is een retourtje Ouderkerk precies 16 kilometer. Misschien zelfs meer. Een rondje dat ik normaal gesproken met twee vingers in de neus ren, zelfs na een avond flink doorhalen in de kroeg. Ik doe het voor de lol, om mijn hoofd leeg te maken of als trainingsrondje. De laatste maanden was het mijn vaste trainingsrondje, één soms twee keer in de week. En ik vond het echt leuk en zeker niet ver. Nu dacht ik daar volkomen anders over. Net voor het 26-kilometerpunt was ik het nog volledig met de rest eens. Met al 26 kilometer in onze benen hoefden we er nog maar 16. Rondje Ouderkerk, juichte ik. Dat is twee vingers in de neus. Appeltje-eitje. En ik weet niet hoe het kwam, maar slechts een paar honderd meter later dacht ik daar volkomen anders over. Rondje Ouderkerk leek opeens een onoverbrugbare hindernis. En de finish van de New York marathon al helemaal.

22

Na maanden van trainen waarin ik vijf keer per week braaf mijn kilometers maakte en met gemak 32 kilometer als training heb gelopen, komt op het moment suprême al na 26 kilometer de man met de hamer. Ik kan het niet geloven, wat een lul. Dit is dus het moment dat er tussen je oren blijkbaar iets gebeurt waardoor je wilt opgeven, maar je lichaam, getraind en wel, wil gewoon door. Ik denk dat er genoeg mensen zijn die nu wel zouden stoppen. Maar dat zijn ook de mensen die denken dat ze geen marathon kunnen lopen. Het zit allemaal tussen de oren, het ligt namelijk niet aan je lijf. Dat lijf wil wel. Voor mij is opgeven geen optie meer. Ik ben al zo ver gekomen en dan heb ik het niet alleen over de marathon. Ik denk aan alle maanden die achter me liggen, alle chemo's, alle onderzoeken, alle naalden, alle pijn en verdriet. Het verdriet dat mijn ouders om mij hebben gehad. Ik hoop dat ik met het uitlopen van de marathon hun angst kan wegnemen, ze kan laten zien dat ik er weer ben, dat ze trots op me zijn in plaats van bezorgd. Ik zet mijn ene voet voor de andere en blijf dat de komende kilometers gewoon doen. Ik negeer de pijn in mijn bovenbenen en knieën die met iedere daling en stijging ietsje groter wordt. Ik focus op het publiek dat alle renners met niet aflatend enthousiasme begroet en mij weer een kilometer verder helpt. Ik lees de spandoeken langs de kant: *don't give up, you can do it. 16 miles, not as easy as you're lay last night. Don't throw up.* Ik lees wat andere lopers op hun shirts hebben staan. Er lopen veel mensen die iets overwonnen hebben. En daar, naar oud Amerikaans gebruik, zeer mee te koop lopen. De dood van hun vrouw of kind, 9/11, een drugsverleden en veel, heel veel, kankermensen. Op mijn T-shirt staat gewoon mijn naam zodat ik in ieder geval vaak aangemoedigd word. Maar ik heb wel mijn gele Lance Armstrong bandje om. Gekregen van een vriendin en gedurende mijn hele ziekte omgehouden. Speciaal voor vandaag heb ik 'm weer omgedaan en tijdens het lopen speel ik ermee. Het geeft mij houvast. De wetenschap dat mijn moeder mij Lancia Armstrong noemt, geeft me de kracht die ik nodig heb. Om weer een kilometer verder te komen.

Hoe langer ik loop, hoe vaker ik aan mijzelf moet denken. Ik heb zes chemokuren achter elkaar afgewerkt, zonder uitstel en zonder tegenzin. Vanaf het moment dat ik hoorde dat ik kanker had, ben ik er vol voor gegaan. Ik heb niet gehuild, ik heb nooit gedacht dat deze tumor mij zou nekken en ik heb nooit een seconde overwogen om op te geven. Ik heb het verdomme zwaarder gehad dan menigeen die hier loopt dus ik heb het volste recht om nu te stoppen. Ik heb het grootste gedeelte erop zitten dus ik heb wel bewezen dat ik het kan. Maar ik kan niet stoppen. Niet nu. Niet meer. Ik moet dit toch gewoon kunnen? Als ik nu stop is alles waar ik voor getraind heb voor niks geweest. Er is tijdens de chemo en bestraling nooit een moment geweest dat ik wilde stoppen. Dus nu ook niet. Anderhalf jaar na dato. Dit is wat ik wilde. Ik wilde bewijzen dat ik het kon, dat ik niet meer iemand ben waar je rekening mee moet houden of op moet passen. Ik vraag me oprecht af of ik dit alleen aan mijn familie en vrienden wil bewijzen of ook aan mijzelf.

Het is niet alleen afzien. Het is ook genieten, het is voornamelijk genieten. Zelfs op de momenten dat ik er helemaal doorheen zit, kan ik genieten van het publiek, het applaus, de stad, het weer en alles wat er om mij heen gebeurt. Hier loop ik, denk ik meerdere keren. Hier loop ik en jullie hebben allemaal geen idee wat ik heb moeten doorstaan om zo ver te komen. Soms wordt het me tijdens het lopen te veel, schiet ik bijna vol. Wil ik stoppen om adem te halen en mijn tranen te laten lopen. Maar ik ga door want dat heb ik ooit van mijn zus gehoord. 'Wat je ook doet, stop niet met rennen. Ga langzamer lopen maar ga niet stilstaan.' Zo leid ik ook mijn leven. Zo heb ik mijn ziekte overleefd. Door niet te stoppen. Langzamer aan, ja, maar nooit stoppen. Dat kan ook niet met hardlopen want als je stopt, sta je stil. Een vriendin van me zei voor mijn vertrek dat ze het knapper zou vinden als ik halverwege zou stoppen dan dat ik het zou halen. Ik begrijp haar wel, maar het gaat niet gebeuren. Al kom ik half dood over de finish, ik geef niet op, toen niet en nu niet.

Met nog zo'n zeven kilometer te gaan, moet ik het toegeven. Ik ben de langzaamste van ons groepje en ik houd de rest op. We hebben afgesproken dat als een van ons niet mee kan komen de zwakste achterblijft en de rest doorloopt. We willen allemaal binnen de vier uur finishen. Ik had alleen nooit gedacht dat ik die persoon zou zijn. Het maakt me eigenlijk niet veel meer uit. Laat de rest maar doorlopen, ik loop mijn eigen race, in mijn eigen tempo met mijn eigen gedachten en tienduizenden supporters om me gezelschap te houden. Vriendinnen Carline en Dokus laten me met pijn in hun hart achter maar Emiel blijft bij me. Zijn motto: we zijn hier samen aan begonnen en maken hem samen af. Wat een held! Want ik zit er behoorlijk doorheen. Ik ben bang dat mijn spieren gaan verzuren en ik het net voor de finish op moet geven. Ik heb verhalen gehoord van ervaren lopers dat dat kan. Je spieren verzuren en je benen, knieën gaan op slot. Je kan geen pas meer zetten. In gedachten zie ik mijzelf al kruipend door Central Park gaan. Ik geloof niet dat dat een fraai gezicht is dus ik dwing mijzelf soepel te blijven lopen. Korte, snelle passen, niet te verkrampt. Gelukkig heb ik mijn eigen coach naast me lopen. Emiel zegt van tijd tot tijd dat ik wel moet blijven ademhalen (heel belangrijk), mijn schouders los moet gooien en dat we wellicht nog onder de vier uur kunnen finishen. Dat laatste klinkt leuk maar het interesseert me op dat moment geen reet meer. Het enige waar ik aan kan denken is de finish en stoppen met lopen. Ik bedenk alvast wat ik ga doen als ik over de finish ga. Ik denk dat ik geen stap meer zet. Gewoon een hele tijd niet meer beweeg. Zalig lijkt me dat. Ik moet ook nog een liedje hebben voor als ik over de streep ga. Een overwinningssong in mijn hoofd. Ik ben alweer een kilometer verder tegen de tijd dat ik besloten heb dat het Queen wordt, 'Don't stop me now'. Ik vervloek iedereen die voor me loopt. Ze lopen stom, ze zijn stom of ze zien er stom uit. Het zijn stomme irritante hardlopers die in de weg lopen. Ik vervloek ook mijzelf omdat ik zoals gewoonlijk niet goed op de route heb gekeken. Nu weet ik niet waar ik ben, of er na deze bocht nog een bocht komt of dat we dan eindelijk voor de laatste keer Central Park ingaan. En was het vanaf daar nou drie kilometer of drie miles tot de eindstreep? Fuck, ik had me beter moeten voorbereiden. Zoals altijd niet gedaan. Ik heb het gevoel alsof ik loop als de eerste de beste debiel. Mijn benen doen het zware werk, mijn hersenen werken alleen maar tegen. De bordjes met het nog te lopen aantal miles lijken steeds verder uit elkaar te staan. Ik vervloek de Amerikanen vervolgens nog maar een keer vanwege hun eigen imperiale systeem, waarom hebben ze niet gewoon kilometers zoals de rest van de wereld? We lopen inmiddels op 21st Street. Volgens Emiel staan onze supporters bij 9th Street. Ik probeer uit te rekenen hoeveel blokken we nog moeten maar ik kom er niet uit. Nu is hoofdrekenen nooit mijn sterkste kant geweest maar dit zou toch binnen mijn wiskundige capaciteiten moeten vallen? 21 min 9 is hoeveel blokken nog? Ik kom er niet uit, mijn hersenen werken niet meer zoals het hoort. Maar mijn lijf gelukkig wel. Dat gaat door. Ook al zou ik nu wíllen stoppen, ik zou het niet meer kunnen.

Mijn ene been voor het andere zetten. Meer is het niet, maar ook niet minder. Zelfs in mijn slakkentempo haal ik nog mensen in.

We komen Central Park uit, nog één grote bocht en dan de laatste twee of drie miles door het park. Het publiek staat rijen dik, de aanmoedigingen worden massaler, luider en nog enthousiaster. Het is de energie van al deze mensen die de renners vleugels geeft. De Nederlanders in het publiek kennen ons niet maar herkennen in de naam Emiel een landgenoot en schreeuwen ons in het Nederlands toe. Ik groei. Ik ga dit volhouden. Net zoals ik de chemo en bestralingen heb volgehouden. Ik voel een kracht en een vastberadenheid. Ik ben zo ontzettend vastbesloten om deze marathon uit te rennen dat het bijna tastbaar is. Het is alsof ik in een soort vacuüm loop. Ik hoor het publiek, ik zie de bomen hoog boven me uitsteken en de blauwe lucht en wolkenkrabbers van New York City. De laatste twee kilometer door Central Park, tranen prikken in mijn ogen. Het kan ook zweet zijn of misschien ben ik al opgehouden met zweten. Mijn water is op maar ik heb het ook niet meer nodig. Twee kilometer ga ik halen. Zonder te stoppen en zonder water. Steeds meer publiek. We passeren het laatste kilometerpaaltje. Ik praat tegen mijzelf en tegen Emiel. 'Kom op San, je kan het.' Ik kan het, ik weet het zeker. Iemand voor me kruist opeens mijn pad, ik duw haar opzij en vloek. Ik zou haar willen zeggen dat dit niet mag maar in de verte zie ik de finish. Waar ik het vandaan haal weet ik niet maar ik heb nog energie over. Om er die laatste honderd meter een schepje bovenop te doen, rechtop te lopen en te *high fiven* met de mensen die een plekje bij de finish hebben bemachtigd. Om 'thank you' te zeggen, ze te bedanken voor hun energie en om mijn beide armen tegelijkertijd in de lucht te steken op het moment dat ik finish. *Don't stop me know, I'm having such a good time*; het zit in mijn hoofd. Ik heb het gedaan, ik heb mijn tumor definitief verslagen. In 4.01.39.

23

Vandaag heb ik het gevoel dat iedereen die ik ken meer dan voldoende hoogtepunten in zijn leven heeft. Iedereen, behalve ik. Dat kan aan het weer liggen. Op een regenachtige zondag in juni ben ik meestal niet op mijn best. Maar het kan ook komen omdat ik alleen ben. En er niemand belt om iets leuks te gaan doen. Dat ik het vandaag zat ben om zelf vrienden te bellen om iets af te spreken. Ik heb er genoeg, daar niet van, maar ik heb er even geen zin in. Ik wil gebeld worden, niet andersom. In de loop van de ochtend groeit mijn als zeer klein begonnen dipje uit tot een middelgrote depressie. En nog steeds belt er niemand. Buiten klaart het op maar dat helpt niet echt meer om mijn gemoedstoestand te verbeteren. Echt, het kan aan het weer liggen dat ik mezelf toch wel het zieligste meisje van de wereld vind. Of in ieder geval van Noord-Holland. Dat ik de verdeling van hoogtepunten opeens zeer oneerlijk vind. Al mijn vrienden krijgen verkering of baby's, sommige zelfs met dezelfde persoon, kopen een huis of gaan trouwen. Ze gaan op reis én krijgen een andere leuke baan. Ik niet. Ik krijg voor de tweede keer in drie jaar kanker.

Er zit opnieuw niet veel tijd tussen de ontdekking van een knobbel en de uiteindelijke diagnose. Op een dinsdagavond voel ik iets. Zelfde plek als drie jaar geleden, een stuk kleiner en langwerpig in plaats van rond. In combinatie met het feit dat ik ongesteld moet worden, heb ik alle reden om niet in de stress te schieten. Het zal ongetwijfeld een overspannen melkklier zijn. Of anders littekenweefsel. Terwijl ik mijzelf die nacht probeer te overtuigen van de goedheid van dit knobbeltje, komt een ander gevoel boven. Een gevoel van onzekerheid, angst en irritatie. Want ik had me toch voorgenomen om nooit meer 's avonds mijn borsten te controleren? Omdat je dan niemand kan bellen en vervolgens de hele nacht wakker ligt en 's morgens tussen de bedrijven door een afspraak bij de huisarts moet maken. Maar er is echt geen reden tot paniek, probeer ik mijzelf in slaap te sussen. Ik ben twee weken geleden nog op controle in het AVL geweest. Toen heb ik mijn halfjaarlijkse 'Gefeliciteerd, U Bent Het Komende HalfJaar Kankervrij'- certificaat gehaald. Zo voelt dat voor mij, iedere keer na mijn controle, weer een gezond halfjaar erbij. Het is de afgelopen drie jaar iedere keer nog goed gegaan, dus waarom nu niet? Waarom nu dan niet? De huisarts waar ik de volgende ochtend terecht kan, weet het ook niet. Ik krijg dit keer in ieder geval niet het stempel 'urgent' en loop zelfs zonder de gebruikelijke 'sterkte' maar wel met een afspraak bij mijn chirurg, de onvolprezen Dr. Borgstein, de deur uit.

Deze keer heb ik het tegen niemand gezegd. Ik weet niet waarom ik dit keer niemand iets heb verteld. Ik denk dat ik niemand onnodig ongerust wil maken. Maar ik doe het ook om voor mijzelf nog even de schijn op te houden, om eens te leven zonder kanker te hebben. Ik ben vrijdag, nadat ik de knobbel zelf al had gevoeld, nog met mijn beste vriendinnen uitgebreid uit eten geweest en tijdens het eten was ik me er zo van bewust dat dit voor mij wel eens mijn laatste semi-onbezorgde avond kon worden. Een avond waarin ik voor de buitenwereld gezond was, kankervrij. Ik wilde de avond niet verpesten met mijn nieuwtje. Heb niks gezegd, het voor me gehouden. Het enige wat ik zo nu en dan tijdens het eten, het drinken en het genieten dacht was: ik ben de enige aan tafel die weet wat er met me aan de hand is. Het voelde eenzaam maar het had ook wel iets. Ik kon met één zin, één bekentenis de sfeer van de avond maken of breken. Ik had het, puur uit entertainment oogpunt, na het hoofdgerecht in de groep kunnen gooien. Ik weet dat het effect van dit soort berichten altijd redelijk indrukwekkend is. Na alle flessen champoppel die erdoor waren gegaan, kon ik op z'n minst vijf verschrikte gezichten, drie keer tranen en één *drama queen*-moment verwachten. Maar het was al gezellig genoeg. Meer entertainment dan gewoon samen onszelf zijn hadden we niet nodig. Bovendien, dit was een avond waar ik met volle teugen van iedere minuut en iedere slok genoot. De wetenschap dat ik een tumor zou kunnen hebben, maakte de avond voor mij onvergetelijk. Onvergetelijk mooi, intens en wrang.

24

De dag dat de tumor uit mijn borst gehaald gaat worden, komt steeds dichterbij. Dat ze de tumor gaan weghalen vind ik wel een fijne gedachte. Dat ze, en passant, ook mijn borst eraf halen iets minder. Dat is letterlijk weer een hoogtepunt minder in mijn leven.

De enige aan wie ik het na mijn eigen voelsessie wel heb verteld, is mijn zus want enige mentale steun is toch wel aardig. Dus zit ik, exact twee jaar en elf maanden na mijn eerste tumor, weer in de wachtkamer van het OLVG. Dit keer met mijn zus in plaats van mijn moeder. Haar heb ik nog niet verteld over mijn vondst. In tegenstelling tot mijn zus word ik altijd heel stil als ik zenuwachtig ben. Wat het grappige effect heeft dat zij het ene verhaal na het andere vertelt en daar van mij echt nul komma nul respons op krijgt. Mijn hart klopt zo hard dat ik haar amper hoor.

Tot afgelopen dinsdag ben ik iedere controle zonder stress doorgekomen. Eerst waren de controles ieder kwartaal maar de laatste tijd was het nog maar om het halfjaar. Ging er de eerste controle nog iemand mee, daarna kon ik het wel alleen af. Overtuigd als ik was dat ik 100 procent gezond was. Het gevoel waarmee ik naar alle controles ben gegaan, verschilt hemelsbreed met wat er nu door mijn lijf en hoofd gaat. Dit is geen standaardcontrole. Dit is een extra 'ik wilde dat ik niks gevoeld had' controle.

Borgstein is to the point als altijd. We geven elkaar een hand, ik vertel wat en waar ik iets gevoeld heb en vijf minuten later zit ik met ontbloot bovenlijf op de behandeltafel. Als ik nog een wens over heb, wat ik ernstig betwijfel, wens ik nu ontzettend hard dat hij niks kan vinden en dat ik voor lul half bloot mijn buik zit in te houden. Hoe vaak gebeurt het niet dat je kiespijn over is op het moment dat je bij de tandarts zit? De enige reden dat ik hier vandaag ben, is om gerustgesteld te worden. Om van hem de woorden te horen dat het niks is, een ontstoken melkklier, littekenweefsel of een hersenspinsel. In plaats daarvan hoor ik hem zeggen: 'er zit inderdaad iets.' Dat werkt niet geruststellend kan ik vertellen. Hij probeert me nog wel even gerust te stellen. Hij voelt weliswaar ook iets maar wat is hem niet duidelijk. Ik vraag of het ook littekenweefsel kan zijn. Omdat het precies op de plek van het oude litteken zit. 'Dat zou kunnen.' Dit is weliswaar niet helemaal het antwoord dat ik gewenst had maar ik kan me er wel in vinden. Natuurlijk is het gewoon littekenweefsel. Maar we moeten het zeker weten, voor 'zou kunnen' gaan we niet.

Ik mag direct door voor een mammografie, punctie en echo. Allemaal nu, allemaal achter elkaar. Daarna mag ik naar huis en krijg ik morgenochtend om 9.00 uur de uitslag. Het lijkt me een goed idee, hoe eerder ik zeker weet dat het littekenweefsel is, hoe beter. Was het nieuws van Borgstein niet helemaal wat ik wilde horen, de echoscopiste maakt vervolgens veel goed. Na het maken van de echo zegt ze dat het gebied er rustig uitziet. Lijkt mij goed nieuws, dat zou ze vast niet zeggen als ze twijfels had. Opgelucht na deze woorden fietsen zus en ik weer naar huis, we hebben ons waarschijnlijk voor niks een week lang zorgen gemaakt. We durven nu ook onze ouders te bellen. 'Wel iets gevoeld, weten het nog niet zeker maar op de echo ziet het er goed uit.' 'Maak je geen zorgen mam, ik bel je morgen met de definitieve uitslag.' Ik weet dat ze zich wel zorgen maakt. Na de eerste keer zal ze zich altijd meer zorgen maken om mij dan om mijn zus.

De volgende dag zitten we wederom in het OLVG. We wachten. Lijdzaam. We weten allebei dat het komende gesprek bepalend is. Voor de rest van de dag, week en misschien zelfs de komende jaren. Het goede gevoel dat ik gisteren had, heeft alweer plaatsgemaakt voor een grote bal van zenuwen die ergens in mijn buik rondjes draait. Als mijn naam klinkt, sta ik op. Ik voel me slap en duizelig en mijn zus pakt mijn klamme hand.

Vroeger lag ik zo'n vier keer per jaar 's nachts met klamme handjes in bed. Te wachten tot mijn ouders thuis kwamen. Dan lag ik te luisteren tot ik hun auto hoorde, de sleutel in het slot en ze de trap op hoorde lopen. Ze kwamen terug van ouderavond en nog voor ze in mijn slaapkamer stonden, voelde ik mijn hart even stoppen met slaan. Ik had namelijk altijd een slecht rapport. Wat op zich niet erg was geweest als ik aan de domme kant was maar de leraar was ervan overtuigd dat ik beter kon maar het gewoon niet wilde. Dat was volgens mijn vader erger dan dat ik gewoon een beetje dom was. Mijn vader kon me niet verdrietiger maken dan zijn donderpreek af te sluiten met 'ik ben niet kwaad maar wel heel erg teleurgesteld'. Dat deed pas echt pijn.

Het gevoel, dat je weet dat er iets verschrikkelijks gaat gebeuren, je hart overslaat en je alle bloed uit je lichaam voelt weg-trekken, heb ik in tienvoud, op het moment dat ik hoor dat ik voor de tweede keer borstkanker heb.

Mijn chirurg laat er geen gras over groeien, er zijn met de punctie kwaadaardige cellen gevonden, op de echo was toch een tumor te zien van ongeveer negen millimeter en die moet eruit. Ze gaan opereren en dat kan dit keer niet, zoals de eerste keer, borstsparend.

Tijdens deze woorden pakt zus weer mijn hand en ik slik. Mijn keel knijpt zich dicht en ik voel alle bloed uit mijn hoofd trekken. Slechts een halfuur later staan we weer buiten, met rode ogen. Van het gesprek ben ik alles alweer vergeten. De chirurg bevestigde nog een keer wat hij gisteren al gezegd heeft. Als het kwaadaardig is, volgt er geen borstsparende operatie maar een amputatie. Die had ik nog niet op mijn borstkanker-cv staan. Chemo en bestraling staan vooralsnog gelukkig niet op het programma. Maar de borst moet eraf, dat is duidelijk. Dat het ook echt mijn borst is en niet een willekeurige om het even welke borst, realiseer ik me eigenlijk pas een week later. Ik heb zoveel vragen. Waarom is het niet ontdekt tijdens mijn controle? Antwoord: je kent je eigen borsten toch het beste, tachtig procent van de vrouwen die een tumor hebben, ontdekt het zelf. Wijze les: controleer je borsten regelmatig, hoe eng het ook is, het helpt, echt waar! Waarom was het teruggekomen? Dat gebeurt nu eenmaal in tien procent van de gevallen. Maar waarom wist ik dat dan niet? Waarom nu al? Waarom ik? Omdat iemand bij die tien procent moet zitten? Waarom godverdomme ik? Veel vragen, weinig antwoorden, ik weet ook niet meer of ik al deze vragen echt heb uitgesproken. Net zoals ik ook niet meer weet wat we hebben afgesproken of wat ik verder gevraagd heb. Ik weet alleen dat ik naar buiten wil, de frisse lucht in en dan doen alsof er niks is gebeurd. Het gevoel van onzekerheid en angst was groter dan ooit tevoren. Stoot mijn gevoel van vertrouwen in een klap van de troon en is tot op heden niet meer uit mijn systeem verdwenen. Het heeft zeer tegen mijn zin een plek gekregen.

25

Wat doe je als je net gehoord hebt dat je voor de tweede keer een tumor hebt? Daar zouden ze eens een boekje over moeten schrijven. Een handleiding waarin staat wat normaal of goed is om te doen. Met tips over hoe je het je omgeving moet vertellen. Er zijn boekjes over hoe je om moet gaan met het verlies van naasten en iedereen kent wel de verschillende stadia van rouw. Maar onverwacht een tweede tumor? Wie vertel je dat en wanneer en hoe? Ik heb dat probleem proberen te omzeilen door het behalve mijn ouders en zus aan niemand te vertellen. Nog niet. Ik vind dat eerlijk gezegd niet zo slim. Van mensen die dit soort belangrijke dingen niet aan hun beste vrienden vertellen, had ik nooit een hoge pet op. Ik heb wel eens een vriendin gehad die een miskraam had gekregen. Alleen wist ik toen ik dat hoorde nog niet dat ze überhaupt zwanger was. Ik had er moeite mee samen met haar verdrietig te zijn omdat ik de voorpret gemist had. Nu heb ik hetzelfde gedaan. Gelukkig is niet iedereen zo ongevoelig als ik.

Het zal wel nooit in een 'Wat te doen bij Kanker'-handleiding komen, maar ik gebruik de enige overlevingsstrategie die ik ken. Ik steek mijn kop in het zand. Diep. Ik ben daar door de jaren heen zeer bedreven in geworden en ook dit keer werkt het. Twee uur na het gesprek met mijn chirurg ben ik op mijn werk, precies op tijd voor mijn afspraak en vastbesloten de dag zo normaal mogelijk door te komen. Mijn eerste slechtnieuwsgesprek voer ik met mijn leidinggevende en daarna met mijn twee naaste collega's. Het beste is, heb ik inmiddels geleerd, om maar zo normaal mogelijk te doen. Dan doen de mensen aan wie je het vertelt dat namelijk ook. Hoe meer emoties bij jezelf, hoe meer bij de andere persoon. En huilen op mijn werk, ik begin er liever niet aan. Ik breng het zo achteloos mogelijk. Toch kwaadaardig, amputatie, binnen nu en drie weken. Dan ga ik nu maar wat dingen afronden. Ik laat expres geen ruimte voor al te veel vragen. Moet ook alweer door naar een belangrijke afspraak om mijn persreis naar IJsland veilig te stellen. Een paar weken geleden heb ik het verzoek gekregen of ik als hersteld borstkankerpatiënt naar IJsland wil. Om erover te schrijven in *Pink Ribbon*. Ik kon mijn geluk niet op. Ik had mij weliswaar aangemeld als vrijwilliger voor dit blad, maar zoiets leuks als een reisreportage had ik nooit verwacht. Ik weet nog dat ik mij zo'n geluksvogel voelde. Een waanzinnig leuke baan, dito collega's, weer helemaal gezond en als kers op de taart naar IJsland! Gratis! Ik had het gevoel dat het allemaal niet op kon. Hoe had ik kunnen weten dat het wel degelijk op kon? Geluk kan blijkbaar wel opraken. Een paar besprekingen later weet ik niet meer zo goed waar ik mee bezig ben. Ik zit hier op mijn werk terwijl ik mijn vrienden moet bellen. Naar mijn ouders hoor te gaan. Hoor ik op dit moment niet de hele dag te huilen met al mijn dierbaren om mij heen?

De waarheid is dat ik niet weet wat ik moet doen. Ik voel niet zoveel op dit moment. Beetje boos, beetje verdrietig maar verder? Ik weet het niet. Heb naast mijn kop ook mijn gevoelens diep onder de grond begraven. Ik doe alles om maar niet na te hoeven denken over het feit dat ik weer een tumor heb. In de auto op weg naar huis belt mijn niet-verkering. Om onze tennisdate af te zeggen. Als ik hem vertel over mijn tumor, denkt hij dat hij me een plezier heeft gedaan om de date af te zeggen. Tennissen op de dag dat je hoort dat je een nieuwe tumor hebt, is blijkbaar niet normaal. Maar ik wil niets liever dan normale dingen doen en net doen alsof er niks aan de hand is. Als een vriendinnetje me vraagt of ik kom eten, neem ik haar aanbod met beide handen aan. Gezellig met vrienden eten, dat is wat normale mensen doen en ik dus ook.

Een paar dagen later weet ik nog steeds niet wat een normale reactie is maar als het op een zuipen zetten met je vriendinnen daartoe behoort, ben ik toch een beetje normaal. Had ik met de eerste tumor besloten om geen druppel meer aan te raken, vanavond interesseert dat me niet. We gaan uit tot het weer licht wordt en ik dronken nieuwe vrienden heb gemaakt die niets van mij weten. De alcohol helpt me een beetje om tot rust te komen, ergens anders aan te denken en tot lang in de ochtend te slapen. De dag erna kan ik er echter niet meer omheen. Mijn moeder komt langs en labiel en brak van de avond ervoor, barst ik op een terrasje in tranen uit. Ik ben zo moe, zo bang en zo ontzettend teleurgesteld. In mijn lichaam, mijn leven maar vooral in mijzelf. Ik geef mijzelf de schuld. Dat ik dit mijn ouders, zus en vrienden weer aandoe. Dat ze zich weer zo'n zorgen om mij moeten maken. Het verdriet zit in iedere vezel van mijn lijf. Die avond als ik met Marlies in een restaurant zit, kan ik voor de tweede keer die dag niet stoppen met huilen. Het erge is dat ik niet kan uitspreken waar ik zo bang voor ben. Alleen al de gedachte aan mijn toekomst of juist het niet hebben van een toekomst maakt me zo ontzettend bang dat ik er niet over kan nadenken, laat staan over praten. Mijn keel snoert zich dicht als ik naar woorden zoek om mijn gedachten te omschrijven. Het is te groot en onvoorstelbaar. Met Marlies heb ik ooit het gesprek gehad dat ik, als ik ooit weer ziek zou worden, hoopte dat ik dan niet meer alleen zou zijn. Omdat juist dat me zo zwaar viel. Mijn twee grootste angsten, weer kanker en nog steeds alleen, zijn in al hun lelijkheid uitgekomen. Alle vragen in mijn hoofd leiden uiteindelijk tot een voor mij levensgrote en niet te beantwoorden vraag: wat als ik dood ga? Wat als het niet bij deze tumor blijft en er nu al overal uitzaaiingen zitten? Wat als het geluk deze keer niet aan mijn kant is en alle testen slecht uitpakken? Wat als ik volgende week van de dokter te horen krijg dat er niks meer aan te doen is en ik nog maar een paar maanden heb. Het zijn gedachten die zo echt voor me zijn dat ik ze niet zonder tranen op kan schrijven. Ik voel de angst die ik die avond ook voelde en nog steeds voel. Maar naast de angst, is er nu ook het gemis aan vertrouwen.

Nooit geweten hoe belangrijk vertrouwen is. Tot je het niet meer hebt. En waarschijnlijk ook nooit meer zult hebben. Vertrouwen is een eerste levensbehoefte en ik ben het kwijt. Ik kan alleen maar huilen, niet stoppen met huilen en al zeker niet erover praten. Ik geloof niet dat ik ooit zo bang ben geweest om dood te gaan als die avond met Marlies.

Als ik er goed over nadenk, heb ik echt alles in het werk gesteld om er niet over na te denken. Ik heb dat zo goed gedaan dat ik me niet meer kan herinneren wie ik allemaal gebeld heb en hoe ik het nieuws heb gebracht. Van de eerste keer weet ik alles nog tot in detail, maar deze keer? Vanaf de dag dat ik het hoorde heb ik geen nacht meer goed geslapen. Niet die nacht en de nachten erna ook niet. Tot ik op een gegeven moment gewoon wat later naar bed ging zodat ik wel in slaap moest vallen. Dat, gecombineerd met wat fijne slaappillen en het volharden in dat het niet om mij ging, maakt dat het best goed met me gaat.

Van de eerste keer kan ik mij precies herinneren aan wie, wanneer en hoe ik het verteld heb. Met mijn beste vriend HJ zat ik in de Finch, aan de korte kant van de bar op een vroege vrijdagavond, twee dagen nadat ik het nieuws had gekregen. Ik wilde het hem per se persoonlijk vertellen. Hij wist nog niks van alle ziekenhuisbezoeken. Ik had een ice tea besteld en legde mijn handen op zijn knieën. 'Ik moet je iets vertellen maar je moet niet schrikken hoor.' Daarna hebben we maar iets sterkers besteld, later kwamen er nog meer vrienden om te vieren dat ik ziek was. Deze keer was het anders, ik weet absoluut niet meer hoe ik het aan mensen heb verteld. Ik weet gelukkig nog wel wat HJ zei toen ik het hem vertelde. 'Nu houd ik nog meer van je.'

26

Mijn vertrek naar IJsland komt met rasse schreden dichterbij. De uitslag van mijn botscan ook. Precies op de dag van vertrek, krijg ik ook de uitslag van dit onderzoek. Ondanks dat alle andere uitslagen tegen mijn verwachting in goed waren, ben ik er verre van overtuigd dat het met mijn botten ook goed zit. Naast doodgaan is mijn grootste angst dat er uitzaaiingen op mijn botten zitten. Ik wil de uitslag niet weten. Niet nu. Niet nu ik op het punt sta een unieke reis te maken. Ik wil nog wat langer genieten van het gevoel van mijn kop in het zand. Doen alsof er niks aan de hand is en lekker naar IJsland gaan. Daarom moet de verpleegkundige mij beloven dat ik niet gebeld word met de uitslag. 'Ook niet als die goed is' vraagt ze nog? Nee, dat lijkt mij duidelijk. Want als ik dan toch niet gebeld word, weet ik ook wel hoe het ervoor staat. Het lijkt een eenvoudig verzoek maar dat is het niet. Wie op de planning staat om gebeld te worden, wordt volgens onvervalst ziekenhuisprotocol ook onverbiddelijk gebeld. Zelfs als je dat niet wilt. Je moet wel heel goede argumenten hebben om niet gebeld te worden. Ik had weliswaar geen bijzonder goede argumenten maar in plaats daarvan heb ik zuster Wendy, bijna 100 kilo schoon aan de haak, over de balie getrokken en haar heel lang, heel boos aangekeken. Het fysieke geweld werkt. Ik word vandaag niet gebeld met welke uitslag dan ook. Dat sommige mensen dit een dapper besluit vinden, begrijp ik niet. Geen nieuws is goed nieuws, toch? Maar nu het donderdag is en er niemand van het OLVG belt, begin ik het te begrijpen. Begin ik toch te denken dat als de uitslag goed is, ze me toch zeker wel zouden bellen? Zelfs ondanks mijn nadrukkelijke eis om niet te bellen. Als ik chirurg was, had ik mij wel gebeld. Geloof me, een mens kan zichzelf redelijk gek maken.

Ik probeer de doemgedachten van me af te zetten en me te verheugen op mijn tripje. Mijn reisgenoten zijn Esther, een mede edoch wel genezen borstkankerdame, Heleen de journalist en Maarten, fotograaf. Op Esther na, die ik tijdens de voorbespreking gezien heb, ontmoeten we elkaar voor het eerst op Schiphol. Met dit groepje ga ik IJsland onveilig maken en zo veel mogelijk indrukken opdoen voor een leuk verhaal. Voor mij gaat het om heel wat meer. Want het dringt steeds meer tot me door dat dit niet zomaar voorbij gaat. Dat dit om mij gaat en om mijn borst en dat ik over een paar weken nooit meer dezelfde zal zijn. Mijn borst gaat eraf en ondanks dat het zo onherroepelijk, oneerlijk en klote voelt, heb ik er nog niet echt om kunnen huilen. Dat het tijdens deze reis naar IJsland met drie onbekenden eindelijk tot me doordringt wat er over een paar weken gaat gebeuren en ik er daar ook pas echt om kan huilen, weet ik op Schiphol nog niet. Maar ik had het zeker niet verwacht.

De eerste indruk die ik van IJsland krijg, zijn de kleuren groen en blauw. En daar dan heel erg veel van en verder niks. Voor een Amsterdamse als ik een grote omschakeling maar dat maakt deze indruk niet minder mooi. Wat is dit land verlaten, uitgestrekt en puur. Het voelt bijna als een doodzonde om hier in een auto doorheen te rijden, liever had ik dit op een echte IJslander (de pony, niet de man) gedaan. Alsof ze net bij de kapper vandaan komen, zo zien ze eruit met de meest hippe kapsels en ultralange wimpers. Ik ben verliefd. Nu al, op deze pony's en het landschap. Ondanks al mijn twijfels en verwarring heb ik, een paar uur na aankomst, het gevoel dat deze reis mij veel goed gaat doen. 's Avonds, alleen in mijn hotelkamer, overvalt me een groot gevoel van verdriet. Na een week van de stoere schijn ophouden en doen alsof het niet om mij maar iemand anders gaat, komt er een grote barst in mijn zorgvuldig opgebouwde muurtje. Nog twee weken tot de amputatie en dan word ik zowel vanbinnen als vanbuiten nooit meer de oude. Hier in dit land waar het op de langste dag van het jaar vierentwintig uur lang licht is, dringt het eindelijk tot me door dat ik ziek ben. En dat daarom na vandaag niks meer hetzelfde zal zijn. Ik vecht tegen de slaap. Deels omdat met het verstrijken van de nacht mijn operatie weer een dag dichterbij komt, maar ook omdat ik stiekem wil kijken of het echt niet donker wordt.

27

De eerste toeristische attractie waar we de volgende ochtend naartoe gaan zijn de geisers. Dat er zoveel leeft onder de grond is onvoorstelbaar als je naar de kleine vijvertjes kijkt. Het is alsof de geiser een levend wezen is. In- en uitademend.

Ik probeer met hem mee te ademen. Zie het wateroppervlak veranderen van glad naar golvend, met kleine belletjes die zich verzamelen in een grote glazen bal van hete lucht en water. En dan, alsof het uit het diepst van zijn tenen komt, haalt de geiser nog eenmaal adem en blaast het water met alle kracht die hij in zich heeft uit. De waterbal spat met veel geweld uit elkaar. Eén korte seconde staan Esther en ik als aan de grond genageld voor we het op een rennen zetten. Terwijl het lauwe water als een douche over ons neerdaalt en ik mijn rug nat voel worden, heb ik een groots gevoel. Het gevoel dat ik leef en écht geniet. Ik ben tijdens het watergevecht met de geiser volledig in het nu. Geen gisteren, geen morgen maar alleen het moment telt. Tranen van het lachen staan bij iedereen in de ogen. Ik probeer dit gevoel zo lang mogelijk vast te houden. Ik doe een klein schietgebedje. Tot mijzelf. Ik bid dat ik dezelfde kracht heb als het water dat hier onder de grond leeft en boven de grond beweegt. Dat ik, al was het maar een beetje, iets van de energie kan overnemen. Het is raar. Aan de ene kant is dit een heel fijne, pure en energierijke plek waar ik een blij gevoel van krijg. Aan de andere kant laat dit gebied, eigenlijk het hele land, zien dat er met de natuur niet te spotten valt. De natuur gaat zijn eigen goddelijke gang, rücksichtslos en niet te stoppen. Terwijl ik dat hier zo bewonder, wil ik niks liever dan de natuur ín mij tegenwerken en uitroeien. Als het over mijzelf gaat wil ik de natuur te slim af zijn. Dat voelt hier heel tegenstrijdig.

Al sinds we op de heenreis in het vliegtuig non-stop hebben zitten praten, heb ik een brandende vraag aan Esther. Maar ik stel hem niet, bang voor het antwoord. Ik zou haar willen vragen of ze haar nieuwe borsten, ze heeft er twee (!), heeft geaccepteerd. Esther is een andere patiënt dan ik, zij is 'gezegend' met het borstkankergen wat betekent dat je uiteindelijk iets van 80 procent kans op borstkanker hebt. Het is spelen met je leven om dit af te wachten en dat heeft ze dus ook niet gedaan. Haar eigen, toen nog gezonde borsten hebben het veld moeten ruimen voor twee vreemde borsten. Het lijkt zo'n simpele vraag maar het antwoord is gecompliceerder. Wat moet ik als dat niet zo is? Ook het moment om ze te zien stel ik uit. Wacht ik misschien nog steeds op een wonder? Zodat ik ook geen reden meer heb om ze te zien? Dat telefoontje van mijn chirurg. 'Sorry, we hebben ons vergist, er is niks met je aan de hand.' Maar wonderen bestaan niet, of toch wel? Want mijn eigen wonder dient zich nog dezelfde dag aan. Onderweg naar het strand komen we langs een waterval waar je achterlangs kunt lopen. We voelen ons al een beetje blij als op dat moment ook de zon tevoorschijn komt en alle kleuren in het landschap nog helderder worden. Een regenboog, mooi in al zijn eenvoud, die langzaam op kleur komt tegen een achtergrond van groen en de waterval, is al een heel mooi plaatje. Maar dan gebeurt er iets dat ik nooit zal vergeten. Op het moment dat we richting de waterval lopen wordt de regenboog steeds groter. Tot hij uiteindelijk een volledige cirkel maakt. Mijn gevoel is bijna niet onder woorden te brengen. Wat een overweldigende ervaring om een verschijnsel te zien, er zelfs onderdeel van te zijn, waarvan ik tot op dat moment niet wist dat het bestond. Ik voel me gezegend dat ik dit mag meemaken maar tegelijk ook intens verdrietig. Wat als de ronde regenboog symbool staat voor mijn leven? Dan is de cirkel van mijn leven rond en volmaakt. Is er niks meer te wensen of voor te leven. Het is een magisch en emotioneel moment en ondanks mijn sombere gedachten voel ik me enorm bevoorrecht dat ik dit mag meemaken.

Later die dag, bij de gletsjer dringt het dan eindelijk tot me door dat er iets onherroepelijks gaat gebeuren. Dat ik wel kan doen alsof er niks aan de hand is maar dat ik met het verstrijken van elke dag een stapje dichter bij de operatie kom, die onherroepelijk en onherstelbaar iets van mij af zal nemen dat al zo lang bij me hoort. In tegenstelling tot de eerste keer dat ik ziek was, blijven de gevolgen van deze ingreep voor altijd zichtbaar. Mijn haar is na die eerste keer weer aangegroeid, mijn conditie heb ik terug en de littekens van de operatie zijn bijna niet meer te zien. Maar nu gaat het om mijn borst. Die groeit niet meer aan. Het feit dat ik kanker heb gehad, zal hiermee voor de rest van mijn leven zichtbaar zijn. Die gedachte doet me zoveel pijn dat ik eindelijk kan huilen.

De ontlading komt in de auto, altijd een fijne en veilige omgeving om emoties te tonen. Dit alleen al is reden genoeg om de auto nooit af te schaffen. Terwijl de rest van mijn gezelschap tegen elkaar aan kletst stromen de tranen in stilte over mijn gezicht. Ik ben verbaasd dat niemand het merkt. Ondanks dat het bijna twaalf uur 's nachts is, is het nog licht buiten, mijn verdriet moet in deze kleine ruimte haast wel voelbaar zijn. Pas als ik geen antwoord geef op een vraag, kan ik mijn tranen delen en geef ik voor het eerst toe aan anderen, maar vooral ook aan mijzelf, dat ik ziek ben. Ziek en bang. Mijn angst voor het onherroepelijke en het onbekende dat met het verstrijken van de dag steeds dichterbij komt, maakt me bang. Het gemis van de overtuiging dat het allemaal goed gaat komen, zoals ik de eerste keer had, breekt me steeds meer op. Maar het voelt goed, dat ik nu eindelijk de kracht heb om mijn emoties te tonen. Fotograaf Maarten is zelfs blij. Hij zegt dat het bijna niet menselijk was, hoe ik ermee omging. Hij is blij dat hij nu mijn kwetsbare kant ziet. Mijn kracht is mijn sterkte maar tegelijkertijd ook mijn zwakte, daar kom ik hier wel achter. Vannacht wordt het weer niet helemaal donker. Niet in IJsland en gelukkig ook niet in mij.

Naast mijn tranen, de waterval en de geisers is er nog meer water. Het water in de Blue Lagoon schijnt een helende werking te hebben op lichaam en geest. Melkwit water, witte klei op de bodem, zwart basalt als omlijsting en Esther en ik als stralend middelpunt. Het water en de klei reinigen niet alleen mijn huid maar beetje bij beetje verdwijnen ook mijn onrustige gedachten. Het voelt alsof ook mijn binnenkant een goede scrubbeurt krijgt. Ik heb vandaag voor we de Lagoon indoken ook de borsten van Esther gezien. En gevoeld. Er is een eerste keer voor alles dus ook om aan een vreemde vrouwenborst te zitten. Het was een opluchting. Ze zijn mooi en ik zou daar goed aan kunnen wennen. Voor de zoveelste keer deze reis geniet ik weer onbezorgd. Het genieten gaat door als we in een onooglijk maar authentiek restaurantje zitten in de haven van Reykjavik. Van de kreeftensoep tot coquilles op een satéprikker, alles komt hier in witte perspex bakjes en met een stuk citroen als dressing. Soms kan het leven zo zalig simpel zijn. Onze laatste avond eten we in een van de vele hippe en trendy restaurants die in een willekeurige wereldstad niet zouden misstaan. Ik blijf het bijzonder vinden dat vier mensen die elkaar tevoren niet kenden, samen vier zulke intense dagen kunnen beleven. De laatste dag brengen Esther en ik al slenterend in het oude centrum van Reykjavik door. De zon maakt alles nog mooier dan het al is. Ik vraag me af waarom wij geen leuke gekleurde huizen van golfplaat hebben in Nederland. Onzekerheid over mijn toekomst maakte dat ik alle indrukken met de kracht van een Nilfisk heb geprobeerd op te zuigen. Maar als er één ding is dat IJsland mij duidelijk heeft gemaakt, is het wel dat alleen vandaag belangrijk is. Onbezorgd genieten kan niet als je niet vandaag maar morgen leeft. IJsland heeft nog een belangrijk ding duidelijk gemaakt en dat is dat er ergens *deep down* meer kracht en energie in mij zit dan ik denk. Ik realiseer me ook dat ik niet altijd stoer en sterk hoef te zijn. Ik maak het mijzelf of anderen niet makkelijker als ik dat niet toegeef of onder ogen zie. Want zolang ik mij sterk houd doen anderen dat ook, en ziet niemand, ook ik niet, alle kanten van mijzelf.

Het is nu halftwee 's ochtends en de zon is bijna onder. Om vervolgens direct weer op te komen. Als je dat nooit gezien hebt, is het niet voor te stellen hoe bijzonder dat voelt. Morgen vliegen we weer terug en moet ik toch echt aan de bak. Na een week lang alles over mijn nieuwe tumor genegeerd te hebben, is hier pijnlijk duidelijk geworden dat ik het niet ga redden met mijn kop in het zand. Ik moet tumor nummer twee accepteren. En als ik niet borstloos door het leven wil gaan, moet ik actie op het gebied van borst herstellende operaties ondernemen. Met die gedachte en een lange 'things to do in Nederland'-lijst, val ik in slaap. Weer niet gecheckt of het de hele nacht licht is.

28

Geduld is niet mijn sterkste kant, en juist als je ziek bent, is het hebben van geduld vrij handig. Vandaag is het wachten op de uitslag van mijn botscan begonnen en dat is slopend. Had ik in IJsland al spijt dat ik om uitstel van executie had gevraagd, vandaag heb ik dat in tienvoud. Naarmate de dag vordert en ik zo ongeveer iedereen van het OLVG aan de telefoon heb gehad behalve de belangrijkste man in mijn leven, zit ik tegen het wanhopige aan. Mijn collega's maken me gek, zeggen dat het toch absurd is dat ik nog steeds niet gebeld ben. Mijn zus vraagt wat ik dan precies heb afgesproken en ik hoor een licht verwijt in haar stem, als ik zeg dat ik geen precieze tijd heb afgesproken maar wel weet dat ik vandaag gebeld word. Een verwijt dat alleen maar uit bezorgdheid komt. Een dag is lang. Zolang ik niet weet hoe het met mijn botten is, hoef ik van mijzelf ook nog niet achter allerlei second opinions aan. Want als het niet goed zit, heeft een amputatie en reconstructie in één keer opeens niet meer mijn prioriteit. Uitstel van executie, ik begin er heel goed in te worden.

Om 19.15 uur, mijn nagels inmiddels tot op het bot afgekloven, komt dan eindelijk het verlossende telefoontje. Mijn zich van geen kwaad bewust zijnde chirurg die mij met de woorden 'ik dacht ik bel je maar direct' het goede nieuws brengt. Ik bel je maar direct!? Om kwart over zeven? Draait deze beste man nachtdiensten of hoe zit dat? Alles wat ik de hele dag heb bedacht om tegen hem te zeggen, allemaal onaardige dingen uiteraard, slik ik in. Ik moet nog langer met hem door één deur. Bovendien, het is goed nieuws, ik moet blij zijn.

Het is raar maar de eerste keer dat ik kanker had, had ik een grenzeloze overtuiging dat ik het ging overleven. Ik twijfelde nergens aan, deze tumor zou mij niet nekken. Van deze tweede ben en blijf ik niet zeker. Eigenlijk ben ik van niks zeker. Ja, behalve in mijn borst zit tot op dit moment nergens anders een tumor, dat is fijn. Maar ik weet niet of deze tumor nieuw is of een overblijfsel van de vorige. Ik weet nog niet wanneer ik geopereerd word omdat ik nog wat second opinions wil hebben. Ze weten niet of er uitzaaiingen in mijn okselklieren zitten, dat kan pas tijdens de operatie bekeken worden. Zelf ben ik er nog niet over uit of ik alleen deze borst of direct allebei mijn borsten moet laten amputeren, gewoon, alvast voor de zekerheid. En moet ik dan een amputatie en reconstructie in één keer laten doen of daar nog even mee wachten? Ik snap eigenlijk niet waarom ik niet net als eerst chemo en bestraling kan krijgen. Of moet ik hierna nog chemo? Of bestraling? Of allebei? Ik weet helemaal niks en voel me dom. Ik heb tijdens alle gesprekken niks gevraagd omdat ik er niet aan wilde en het door het stellen van vragen nog concreter zou maken dan het al is. Nu beginnen al deze onzekerheden en het gemis aan vertrouwen in een goede afloop me op te breken.

De onzekerheid van wat er gaat gebeuren, voelt bijna nog erger dan het feit dat ik weer ziek ben. Ik houd altijd graag de touwtjes in handen en nu? Nu zijn er zo veel dingen die ik moet regelen en wil weten. Iedereen vuurt maar allerlei vragen op mij af waar ik geen antwoord op heb. Ik doe van alles maar kom nergens echt aan toe. Ik kan het niet opbrengen te vertrouwen op een goede afloop. Om er weer voor meer dan

100 procent tegenaan te gaan. Om positief te blijven. Ik ken mijzelf niet terug. Waarom heb ik er dit keer geen vertrouwen in? Is dit wat ze bedoelen met vrouwelijke intuïtie?

Het erge is dat er meer mensen zijn die er minder vertrouwen in hebben dan de eerste keer. Dat merk ik aan hun vragen, hun geuite bezorgdheid. Het maakt me nog zenuwachtiger dan ik al ben. Het is ook niet heel raar dat ik zenuwachtig ben. Het leek weliswaar alsof ik al helemaal de oude was, alhoewel ik niet denk dat iemand ooit weer de oude wordt na zoiets. Maar nu ik weer ziek ben, realiseer ik me dat ik niet zo beter was als ik en iedereen met mij dacht. Het fundament waarop mijn nieuwe kankervrije leven was gebouwd, was zwak. Zo zwak dat ik er door één zorgvuldig aangebrachte klap weer volledig doorheen ben gezakt. Ik ben niet terug bij af maar ver voorbij af. Ik heb immers al één lifeline verspild. Dit is mijn herkansing. Maar hoeveel herkansingen krijgt een mens eigenlijk? Of liever gezegd, hoeveel herkansingen kan de medische wereld mij geven? Ik weet het niet en ik wil het ook niet weten. Net zoals ik (nog) niet wil weten wat mijn kansen zijn als mijn borst er eenmaal af is. Komt de kanker dan echt nooit meer terug of geldt, ook nu weer, garantie tot aan de deur?

29

Borsten. Sinds ik weet dat mijn borst eraf moet, vallen ze me des te meer op. Een beetje zoals wanneer je een nieuwe auto gaat kopen, nieuwste model Volkswagen, en opeens zie je hem echt overal. Ik zie opeens overal nieuwe modellen borsten. Wat zijn er veel, wat zijn ze groot en wat zijn ze prominent aanwezig. Borsten zijn echt een onlosmakelijk deel van het vrouwelijke lichaam. Onlosmakelijk voor iedereen behalve voor borstkankerchicks zoals ik. Ik betrap me erop dat ik soms zit te staren naar een diep decolleté. Zoiets wil ik ook wel, maar omdat ik hierna nog maar één gezonde borst met nou ja, laat ik eerlijk wezen, een te verwaarlozen B-cup overhoud, zit er niks anders op dan een nieuw te maken borst hetzelfde formaat mee te geven. Anders wordt het alsnog een raar gezicht. En eigenlijk heb ik een A-cup.

De uitslag van de botscan is goed, dus er is geen uitstel van executie meer. Het vooruitzicht dat met één gladde beweging van het chirurgische mes mijn borst eraf *gesliced* wordt om er daarna direct een nieuwe op te zetten, spreekt me nog steeds erg aan. Ik ben echter niet de meest ideale kandidaat voor deze nog vrij nieuwe operatie. De bestraling van drie jaar geleden werkt niet in mijn voordeel. Mijn chirurg van het OLVG vindt bovendien dat er te veel risico's aan zitten en dat het resultaat van amputatie inclusief reconstructie niet per definitie mooier is. Maar ik heb dit idee nu eenmaal in mijn hoofd zitten. Ik wil niet zonder borst door het leven, zelfs niet voor heel even. Met mijn chirurg prik ik een voorlopige datum voor de operatie voor over twee weken. In plaats van mij in alle rust op de komende operatie voor te bereiden, zet ik alles op alles om nog voor die datum een afspraak bij het AVL te krijgen, ik ga voor een second opinion!

Het regelen van een second opinion breekt me echter al snel op. Aan de ene kant voel ik de druk van mijn vaste en vertrouwde chirurg van het OLVG die me zo snel mogelijk wil opereren. Aan de andere kant ben ik in oorlog met het AVL waar ze mij niet binnen twee weken op de second opinionlijst willen zetten. Ik strand keer op keer bij Het Afsprakenbureau, krijg geen arts persoonlijk aan de lijn en voel me zwaar onbegrepen. Pas als ik op mijn werk aan de telefoon in tranen uitbarst, lijkt het tot de dame van Het Afsprakenbureau door te dringen en blijkt er toch een gaatje te zijn, op een donderdag, vier dagen voor mijn geplande operatie. Ik ben op. Van de stress, van de onzekerheid en van de tumor die inmiddels van mijn kruin tot mijn tenen reikt. Iedere ochtend sta ik voor de spiegel en kijk naar mijn borsten. Over twee weken, zit er nog maar één. Ik moet huilen als ik eraan denk dat dit nooit meer hetzelfde voor me zal zijn. Hoe vaak zie je jezelf wel niet naakt? Vaak volgens mij. Ik poets mijn tanden 's avonds naakt voor de spiegel, haal mijn make-up er in mijn nakie af en slaap naakt.

Als ik 's avonds in bed lig, voel ik mijn linkerborst zitten. Hij brandt en doet pijn. Hij moet eraf maar daar ben ik ondanks alles niet blij mee. Het is de tumor die eruit moet! Mijn second opinion moet zo snel mogelijk plaatsvinden en ik wil gewoon normaal zijn. Ik wil een huis in Almere, twee kinderen, op vakantie met een caravan, geraniums in de vensterbank, een laaf naast de bank, een hangoorkonijn en een man. Ik wil geen groots en meeslepend leven meer. Ik wil niet dat alle gesprekken weer om mij gaan. Ik wil geen telefoontjes meer plegen en de persoon aan de andere kant van de lijn een schok bezorgen of op z'n minst een kutavond. Ik wil niet meer degene zijn die voor 'never a dull moment' zorgt. Ik hoef niet meer vier keer in het jaar een weekend weg, leven in de tiende versnelling, vandaag in Amsterdam zijn en morgen in Brussel, de marathon lopen in vier uur of zoveel vrienden hebben dat ik ieder uur van de dag met leuke afspraken kan vullen. Ik wil gewoon een heel normaal leven hebben.

Het idee om wakker te worden zonder borst, grijpt me op de meest rare momenten naar de keel. Ik raak van streek om de meest suffe dingen. Mijn ergste tranen bewaar ik voor in de auto.

30

Het is misschien gek maar ik realiseer me nu pas echt dat mijn borst niet meer aangroeit. Nu ik er goed over na moet denken. Terwijl er eigenlijk niet zoveel te denken valt, ik heb immers geen keus. Het is niet dat de chirurg mij voor de keus heeft gesteld, borst eraf of borst behouden. Nee, hij was redelijk resoluut, als ik definitief van die tumor af wil, moet mijn borst eraf. Helemaal, niet een klein beetje en ook niet voor heel even maar voor altijd. Dat is waar ik, nadat ik de eerste schok te boven ben gekomen, veel aan moet denken. Alle behandelingen die ik drie jaar geleden heb ondergaan, zijn inmiddels niet meer zichtbaar. Mijn haar zit er weer aan, beter dan ooit, *bad hair days* zijn voorgoed verleden tijd. Ik heb afgelopen november voor het eerst een marathon gelopen in een toptijd dus met mijn conditie zit het ook wel goed. De verloren kilo's zijn er weer aangekomen en de littekens vanbinnen en vanbuiten bijna niet meer zichtbaar. Ik lijk en voel me weer normaal. En nog belangrijker, voor de buitenwereld was ik niet anders dan anderen.

Maar nu is alles anders. Het verliezen van mijn borst voelt zo onherroepelijk en zo onvolmaakt. Ik weet niet hoe ik me hierop moet voorbereiden. Weet nog niet hoe ik me ga voelen als er op links niks meer zit. Maar ik weet wel hoe ik me nu voel. Ik voel me machteloos en kut. Machteloos omdat ik hier zó geen controle over heb. Mijn lijf gaat zijn gang, de chirurg gaat binnenkort zijn eigen goddelijke gang en mijn emoties doen helemaal alsof ik er niet meer bij ben. Kut omdat ik elke ochtend en avond met tranen in mijn ogen voor de spiegel sta. Dagelijkse rituelen, make-up eraf, gezicht wassen, crème erop, tanden poetsen, alles gaat automatisch want ik kijk alleen maar naar mijn twee semigezonde borsten. Ze horen bij me, passen bij me en ik heb ze ook al zo lang. Ik ben wel aan ze gehecht eigenlijk. Ik stel me voor dat ik dit over twee weken niet meer doe, dagelijks naakt voor de spiegel staan. Dat ik het niet kan verdragen om naar de lege plek en grote littekens te kijken. Ik ben al geen held met littekens dus hier heb ik ook niet heel veel vertrouwen in. Überhaupt is het vertrouwen weg. Zal ik ooit nog wel naar mijzelf durven kijken en trots zijn op wat ik zie?

Een week voor de operatie stelt collega Juut uiteindelijk een vraag in de categorie 'alles wat je altijd al hebt willen weten maar nooit hebt durven vragen': 'zeg San, heb je nu geen zin om nog eens ongelofelijke wilde seks te hebben nu je nog twee borsten hebt?' Mmm, die vraag was bij mij als single natuurlijk ook al opgekomen. Want moet ik er nu niet nog even van genieten nu ik ze nog had? Nu ik er nog normaal uitzie? Er schijnen mensen te zijn die hun hele mobiel vol hebben staan met *booty calls*, maar daar val ik niet onder. Bovendien, gun ik de paar booty calls die hier eventueel voor in aanmerking komen, een laatste blik op mijn borsten? Ze zijn immers niet voor niets slechts booty calls en niks meer dan dat. Dan maar de kroeg in. Ik heb nooit gedacht dat ik zo laag zou zinken maar tot mijn grote schaamte moet ik bekennen dat ik geen zin heb om de kroeg in te gaan. Dus ook de mogelijkheid om een onenightstand te scoren voor de laatste keer 'twee-borsten-seks' mislukt. Was het makkelijker geweest als ik wel een verkering had gehad of had ik me dan weer zorgen gemaakt of hij me nog wel knap genoeg zou vinden? En als ik al geen verkering kan krijgen mét twee borsten, hoe lastig wordt dat niet met slechts één borst? Was ik nu toch maar de kroeg ingegaan.

En opeens, na een lange week van ontkenning en daarna een week van rouw, ben ik er klaar mee. Dan maar geen twee-borsten-seks, dan maar geen twee borsten. Ik wil ervan af. De borst inclusief tumor van slechts een centimeter moet weg, hoe eerder hoe beter. Na een maand in een soort van emotionele rollercoaster te hebben gezeten en geleefd te worden door de gedachte weer kanker te hebben, gesprekken gevoerd te hebben met chirurgen, plastisch chirurgen, oncologen en internisten over amputaties, amputaties en reconstructies in één operatie, recidive en celdelingen, is het genoeg geweest. Ik wil weer leven, mijn leven in mijn eigen hand nemen. Leven zoals normale mensen doen, zoals in Almere en zo. Maar dan leuker, dus in Amsterdam op de Scheldestraat zonder die kids en konijn maar met kat Jari Litmanen en indien mogelijk een verkering die op vrouwen met één borst valt.

De second opinion in het AVL heeft iets opgeleverd. Er is de mogelijkheid in een operatie mijn borst eraf te halen en er weer een nieuwe pronte met de stevigheid van een twintigjarig exemplaar op te zetten. maar dat kan pas over zes weken. Uiteindelijk overweeg ik deze mogelijkheid geen seconde. Zes weken is lang, te lang voor iemand met een snel groeiende tumor zoals die van mij. Zes weken duren bovendien eindeloos voor iemand als ik. Iemand die haar leven weer op de rit wil krijgen en verder wil gaan waar ze gebleven is. Bovendien, nu heb ik nog even de tijd om een kek modelletje borst uit te zoeken. Tijdens een barbecue met mijn wintersportvrienden wordt de meegebrachte *Passie* (Nederlands volledigste blote borstenblad) van begin tot het einde doorgenomen en na langdurig vergelijkend warenonderzoek komen we op de perfecte borst uit: het traditionele handje vol, meer dan de snel gevulde kinderhand die ik nu heb. Deze gaat het over een halfjaartje worden. Ik blij en de mannen van de barbecue ook blij.

31

Het weekend voor de operatie ga ik nog snel met drie vrienden naar Texel. Omdat ik iets wil doen dat ik normaal gesproken ook had gedaan. Of dat normale, gezonde, mensen in mijn ogen ook doen. We eten, we drinken, we drinken nog wat meer en als de rest overdag gaat fietsen, neem ik lekker de auto, fietsen is niet mijn ding. Het voelt goed dat ik gegaan ben. Ik ben er namelijk achter gekomen dat ik een keus heb. Ik kan ervoor kiezen om niet bij de pakken neer te zitten. Ik heb de keus om mijn ziekte niet de overhand te laten krijgen. Ik ben niet alleen iemand met een kanker. Ik ben zoveel meer dan dat.

Dinsdag word ik geopereerd. Dat is morgen. Mijn moeder slaapt bij me, we moeten om 11.00 in het OLVG zijn en dan word ik om 13.00 opgehaald voor de operatie. Ik slaap als een roos, blij dat morgen alles voorbij is. De gedachte dat ik vanaf morgen nooit meer in mijn nakie door mijn huis zal dartelen, heb ik al lang en breed van me afgezet. Niks is op dit moment belangrijker dan morgen gezond weer wakker worden. Ik word zo blij van die gedachte dat ik bijna vergeet dat een van de belangrijkste personen in mijn leven er morgen niet bij kan zijn. Mijn zus is op vakantie. Om haar toch een beetje bij me te hebben, trek ik de onderbroek aan die ik van haar gekregen heb. Dat hij ook nog leuk kleurt bij het blauwe ziekenhuishemd is mooi meegenomen.

D-day of moet ik zeggen B-day? Mijn ouders zijn er en een

goede vriendin. Ik zit op mijn bed in mijn blauwe ziekenhuishemd en matching blauwe knickers. God, wat ben ik hier klaar voor. Net voor de verpleegsters me komen halen om richting de operatiekamer te gaan bedenk ik me dat ik misschien nog 'afscheid' moet nemen. 'Mam, wat denk je, moet ik nog iets tegen haar zeggen?' Ze weet het ook niet. Ik trek het hemd een beetje naar voren, kijk naar beneden. 'Nou, doei hè.' Dat is het, ik kan er verder ook niks van maken. Mijn emotionele band met mijn borst blijkt toch iets minder groot dan mijn band met het leven.

Lachend ga ik de operatie in en euforisch kom ik er weer uit. De narcose helpt daarbij, de gedachte dat ik dit mooi weer even heb gefikst is de kers op de taart. Het dringt nog niet tot me door dat de operatie lang, heel lang heeft geduurd. Ze zijn uiteindelijk zes uur met me bezig geweest. Mijn ouders zijn er en daar word ik zo blij en emotioneel van. Dat ze de hele tijd op mij gewacht hebben. Ik soes zo nu en dan weg en word elke keer weer wakker met een lach op mijn gezicht en in mijn hart. Ik ben er, gezond en wel. Ik heb geen pijn. Ik blijf een weekje in het ziekenhuis, neem dan de volle zes weken rust en over een halfjaar komt er een nieuwe borst op. Ik kan wel huilen van geluk maar ik doe het niet.

Nog half slaperig krijg ik de volgende ochtend bezoek van mijn chirurg. Ik wil hem bedanken omdat hij me weer gezond heeft gekregen. Ik krijg hier geen kans voor. Want hij heeft een ander nieuwtje dan ik verwacht had. Hij heeft geen goed nieuws.

32

De meeste dingen die je voor het eerst doet, ervaart of beleeft zijn voor herhaling vatbaar. Eerste kus, eerste sigaret, eerste drankje, eerste keer zonder ouders op vakantie of eerste keer diepzeeduiken. Na de eerste keer seks denken de meeste mensen ook niet, 'nou, dat was eens maar nooit meer'. Wat zou het fijn zijn als dat met chemokuur ook zo was. Dat je na de eerste kuur denkt: 'lieve God, ik rook/seks/duik/kus/drink nooit meer als ik maar wel nog een keer zo'n superfijne chemokuur mag ondergaan'. Maar dat is dus niet zo. Het vervelende aan chemokuren is, dat als je het een keer hebt gehad, het er de tweede keer niet leuker op wordt. Sterker, het wordt alleen maar erger.

Met die wetenschap sta ik voor een grote beslissing. Beslissingen zijn niet mijn sterkste kant. Ik twijfel al tussen een broodje ham en een broodje kaas. Ik ben na het amputeren van mijn borst, geheel tegen mijn verwachting in, niet gezond wakker geworden. Het is de ochtend na mijn operatie. Ik lig in mijn bed. De chirurg is net weg nadat hij het slechte nieuws bij mij gedumpt heeft. Ik ben in tranen en snap niet hoe mijn gevoel mij zo voor de gek heeft kunnen houden. Ik was er zo zeker van dat deze amputatie de laatste opoffering was die ik moest doen om gezond te worden. En ik was er, toen ik bijkwam na de operatie, ook van overtuigd dat ik dat was. Ik vrees dat het euforische gevoel meer aan de narcose te danken was dan aan mijn voorspellende gave. De chirurg was minder euforisch. Tijdens de controle van de schildwachtklier bleken hier ook metastasen ofwel kankercellen in te zitten. Reden om te vrezen dat mijn tumor zich niet alleen in mijn borst bevindt maar aan de wandel is gegaan. Op avontuur in mijn lymfen. Daarom heeft mijn chirurg niet alleen mijn borst geamputeerd maar, nu hij toch bezig was, ook even vijfentwintig lymfklieren verwijderd. En in een van die vijfentwintig klieren (letterlijk én figuurlijk) bleek nóg een metastase te zitten. Een micrometastase. Klein maar fijn gaat hier niet op, ook micrometastasen moeten worden aangepakt. In mijn geval met chemo. Kut. Het wordt me allemaal te veel. Hier lig ik om acht uur 's morgens. Ik ben bang om me te bewegen na de operatie en kan dus ook niet bij mijn mobiel om iemand te bellen. Ik zou niet eens iemand kunnen bellen want ik weet van de schrik geen nummer meer uit mijn hoofd. En dan is mijn zus ook nog eens op vakantie. Het leven is één groot tranendal en ik lig er middenin. Ellen die mij als eerste belt, krijgt dan ook een intens over d'r toeren Sandra aan de lijn. Mijn zus is de gelukkige tweede. Als mijn ouders later weer bij me zijn, ben ik alweer iets gekalmeerd. Het zijn maar twee klieren, anderhalf eigenlijk, en ze zijn eruit. Goed, ik heb geen gevoel meer in mijn linkerarm maar dat schijnt terug te komen. Voordeel is dat ik links ook geen deodorant meer hoef te gebruiken want zonder lymfklieren geen zweet toch? Ik praat mijzelf en mijn ouders moed in. Als alles weg is, hoef ik toch ook geen chemo? Of minder vaak. Heeft mijn chirurg het eigenlijk wel over chemo gehad? Ondanks al mijn twijfels komt langzaamaan mijn blije gevoel weer terug. Ik heb de operatie overleefd, ik heb geen pijn en voel me goed. Dit gaat echt wel goed komen!

33

Ik weet niet of het door de gedachte aan weer een chemokuur komt dat het missen van mijn borst me niet zoveel doet als ik had verwacht. Dag twee na de operatie mag ik onder de douche en terwijl ik daar sta met mijn shampoo, conditioner, facescrubje, bodyspray, maskertje (ik vind een operatie duidelijk géén reden om er niet fris & fruitig uit te zien) én verpleegster voor een helpende hand, kijk ik naar beneden en zie niks. Ja, vijf pleisters op een rijtje met een stuk huishoudplastic erover. *That's it*. Tot op vandaag is dat nog steeds mijn uitzicht maar dan zonder de pleisters en het plastic. Inderdaad, er zit niks op links, het ziet er wat mager uit. Ik kan mijn ribben zien. Maar ik vind het niet kaal of leeg of wat dan ook. Ik vind het stiekem wel mooi. Dit ben ik, zó sterk ben ik geweest dat ik dit ervoor over heb gehad om te blijven. Het is fijn dat ik niet minder tevreden ben met mijn lijf dan toen ik er nog twee had.

Een groter probleem is de anderhalve kankerklier. En de daarmee samenhangende voorgestelde chemo. Dat is een heel ander verhaal. Het is meer dan een probleem, het zijn er twee. Eerste probleem is dat het verhaal van Oncoloog 1 mij niet echt kon overtuigen toen ik daar drie weken na de operatie zat. Want deze keer heb ik mijn huiswerk gedaan, mijn status opgevraagd, op internet rondgekeken en een paar experts op het gebied van terugkerende kanker gesproken. Feit is dat de voorgestelde chemokuur preventief is. Tijdens de operatie zijn alle kwaadaardige cellen rigoureus verwijderd. Stond letterlijk zo in het operatierapport. Men denkt dat ik 'schoon' ben, maar omdat er toch nog ergens een piepklein celletje kan zijn ontsnapt is het beter om deze op te laten sporen door de chemo en hem met huid en haar te vernietigen. Vandaar het preventieve karakter van de chemo. Pfff, ik wil me hier helemaal niet mee bezighouden. Ik had me verheugd op zes weken herstellen van de operatie en daarna zou ik mijn lekkere, leuke leventje weer oppakken. Alsof er niks aan de hand is. Gewoon, met één leuke borst. In plaats daarvan hobbel ik met drain en al van ziekenhuis naar ziekenhuis. Als er íets is wat je echt het gevoel geeft dat je ziek bent, is het wel een ziekenhuis.

Oncoloog 1, mijn oncoloog, stelt zes chemo's voor. Omdat ik dat drie jaar geleden ook al heb gehad en de tumor daarvan duidelijk niet onder de indruk was, vraag ik hem waarom hij denkt dat het deze keer wel gaat helpen. Gelukkig, we zijn een paar jaar verder en alle onderzoeken hebben hun vruchten afgeworpen. Ik krijg nu andere medicijnen: zwaarder, nieuwer, beter en minder slecht voor mijn hart. Maar even slecht voor mijn conditie, weerstand, hormoonhuishouding, huid en haar. Kut, niet weer mijn haar eraf. Ik zucht en voel een traan over mijn wang biggelen. Maar, geeft hij toe, het is preventief. Er zit niks meer. Het is puur voor het geval dat, en dan volgt er een ingewikkelde rekensom die ik ook al op internet heb gezien. Dat ongeveer 90 procent van de preventieve kuren overbodig is en dat het effect van preventieve kuren niet te onderzoeken is. Er zijn twee internationale onderzoeken naar het effect van preventieve chemo gedaan en beide zijn voortijdig stopgezet. Omdat het nu eenmaal heel lastig is om aan te tonen dat iets dat preventief gegeven wordt ook echt werkt. Er zit niks, we geven preventief chemo en over vijftig jaar zit er nog steeds niks. Komt dat door de chemo of omdat er om te beginnen al niks meer zat? Eerlijk gezegd vind ik dat alleen al reden genoeg om te zeggen, geef mijn portie chemo maar aan Fikkie. Maar ik heb geen hond. Alsof het allemaal al niet ingewikkeld genoeg is, moet ik hier ook nog eens zelf over beslissen. Wist ik drie jaar geleden precies waar ik het voor deed, nu is mij dat niet duidelijk. Geen tumor is geen chemo. Alleen hoe weet ik zeker dat er écht niks meer zit?

Ik realiseer mij terdege dat mijn twijfel niet alleen intuïtief is maar ook te maken heeft met het feit dat ik weet waar ik aan ga beginnen. *Been there, done that*. Geloof me, operaties, amputaties of bestralingen zijn écht niks vergeleken bij een chemokuur. Kreeg ik drie jaar geleden elke drie weken een zogenaamde fec-kuur (drie medicijnen via een infuus), dit keer wordt een combinatie van infuus en pillen voorgesteld. Chemopillen. Tussen de pillen en infuus door ben ik slechts één week 'chemoloos'. In die week kan ik een beetje herstellen. Dat is kort. Maar het meest overheersende gevoel is dat ik nu pas besef, dat het eigenlijk verdomd lang heeft geduurd voor ik mezelf weer was. De afgelopen jaren ben ik elke dag, week en maand iets beter geworden. Pas sinds een halfjaar heb ik het gevoel dat ik er weer ben. Dat ik eindelijk weer alles aan kan, op het werk en in mijn sociale leven. Ik ben nog maar net weer de oude edoch vernieuwde Sandra geworden, werk aan twee leuke projecten tegelijkertijd, ben op zoek naar een woonboot en bij het compliment 'je ziet er goed uit' denk ik niet direct 'ja voor iemand die een tumor heeft gehad zeker'. Ook de vraag 'hoe gaat het ermee' heeft geen dubbele lading meer sinds het woordje 'nu' eruit is verdwenen. Na drie jaar weten nieuwe collega's en vrienden niet dat ik ooit ziek ben geweest en dat is wel zo lekker.

Nu is alles anders. Mijn ziekte openbaart zich voor de tweede keer in drie jaar en voor de meeste mensen betekent dat weinig goeds. Ik weiger daarin mee te gaan. Want ik doe dus eigenlijk niet aan kanker. Toen niet en nu ook niet. Vorige keer had ik een toevallige tumor, dat feit maakte mij in mijn ogen geen kankerpatiënt. Nu heb ik in principe ook geen kanker meer. De kanker zat in een tumor en die is samen met wat lymfklieren verwijderd en bij het grof vuil beland. Een chemokuur maakt dat ik er voor de buitenwereld weer uitzie als een kankerpatiënt. Ik wil dat niet, ik wil gewoon niet dat ik weer zo zichtbaar ziek word. Deze tweede tumor dwingt me bijna iets te doen wat ik zo ontzettend níet wil. Toegeven dat ik niet zo gezond of sterk ben als ik dacht. Maar ik ben toch niet ziek, ik heb alleen twee keer een tumor gehad.

Drie jaar geleden was ik echt ziek. Toen had ik een tumor van vier centimeter die ze door de chemo wilden verkleinen zodat ik borstsparend geopereerd kon worden. 'Heb je geen spijt dat je toen geen amputatie hebt laten doen?' wordt me nu wel eens gevraagd. Spijt? Hoe kan ik spijt hebben dat ik drie jaar geleden zeker wist dat dit de juiste behandeling was en er daarom voor gekozen heb om mijn beide borsten te behouden? Moet ik spijt hebben omdat ik ervan overtuigd was dat dit een eenmalige actie was?

Ik vind dat achterom kijken geen enkele zin heeft. Alleen als we in staat zijn om de tijd daadwerkelijk terug te draaien, dán heeft het wellicht zin om spijt te hebben. Maar omdat we zover nog niet zijn en hopelijk ook nooit komen, is terugkijken verspilde energie. Mensen denken altijd dat iets beter, positiever wordt als ze het anders hadden gedaan. Ik denk dat niet. Ik weet dat ik toen de enige beslissing heb genomen die ik kon nemen. Als ik drie jaar geleden had besloten tot een amputatie, had ik wellicht niet de waarschuwing gehad in de vorm van een knobbel in mijn borst en had ik niet geweten dat er inmiddels iets in mijn lymfklieren zat. Spijt heb ik nooit.

Maar het grote verschil tussen toen en nu is dat ik nu niet ziek ben. Ik krijg preventief chemo. Niet omdat ik ziek ben maar uit voorzorg. Omdat ze de kans dat ik wellicht nog ziek kan worden groter achten dan de kans dat ik onderdoor ga aan deze chemo. Meerdere internisten en oncologen hebben naar mijn 'geval' gekeken. Mijn zieke borst en alle lymfklieren zijn verwijderd. Dat heeft me beter gemaakt. Als extraatje krijg ik chemo die me ziek gaat maken. En nog beter, hopelijk nog beter dan ik al ben. Van chemo word je ziek en van kanker ga je dood. Zo simpel kan het zijn. Chemo is het rottigste medicijn dat ik kan bedenken maar het is wel een medicijn. En in mijn geval bedoeld om beter te blijven.

34

Ik moet hier zelf over beslissen. Een keuze maken. De keuze tussen wel of geen chemo wordt gepresenteerd als een keus tussen een lang en gelukkig leven of geen leven. Makkelijke beslissing zou je denken. Maar ik heb er gewoon geen vertrouwen in. Alle behandelingen die ik tot dusver heb ondergaan, hebben een nieuwe tumor inclusief uitzaaiingen niet weten te voorkomen. Wie geeft me de garantie dat de chemo dit keer wel gaat helpen? Bovendien, ik voel me goed. Is mijn intuïtie dan niks waard? Ik heb gewoon geen kanker meer en dus ook geen chemo meer nodig.

Het is duidelijk, ik heb een second opinion nodig om een weloverwogen beslissing te nemen. Een beslissing die ik eigenlijk helemaal niet wil nemen. Ik heb liever dat iemand anders voor mij beslist, dat zou het een stuk eenvoudiger maken. Maar zo werkt het deze keer niet dus, hop, in galop, naar oncoloog 2. Deze oncoloog begrijpt mijn probleem en geeft ook eerlijk toe dat mijn twijfels terecht zijn. Hij brengt zelfs nog een nieuwe speler in het spel, de port-a-cath: een half balletje dat inclusief slangetje onder de huid wordt geplaatst. Hiermee hoeft er alleen maar door de huid, in de port-a-cath, geprikt te worden om de chemo in te spuiten. Hij wordt ingezet bij gebrek aan bruikbare aders. Want dat ik zes keer in dezelfde arm en aders geprikt kan worden, zit er niet meer in. Gelukkig is dit niet iets waar ik zelf over hoef te beslissen. Als ik voor chemo kies, krijg ik de port-a-cath er gratis bij. Inclusief operatie én twee extra littekens om het ding in te brengen, maar ja, *who's counting?* Terug naar de hamvraag. Common sense was volgens oncoloog 2 toch echt om die zes chemo's erdoorheen te jassen. Inderdaad, met het risico om vervroegd in de overgang te komen (70 procent), chronisch moe te blijven, levenslang verminderde weerstand te hebben en wat voor leuke bijwerkingen chemo al niet meer op de lange termijn heeft. Alles uiteraard zonder de garantie dat de chemo deze keer wel voorgoed een einde aan die *nasty little bastards* maakt. Ik vind het aanbod en de argumenten wat magertjes, dus ook oncoloog 2 kan me niet overtuigen.

Mijn opties worden steeds schaarser en de tijd die ik heb ook. Maar ik kan en wil niet beslissen, niet nu. Niet zonder er iets zekerder van te zijn dat ik de juiste beslissing neem. Ik wilde dat ik iemand had, een liefde, die mij de beslissing uit handen kon nemen. Op advies van oncoloog 2 maak ik een afspraak met oncoloog 3 in het Erasmus Medisch Centrum in Rotterdam voor een *third opinion*. Want 'wij hebben al advies bij het AVL gevraagd dus je kan beter naar een ziekenhuis buiten deze regio'. Als ik in het Erasmus zit te wachten heb ik de neiging op te staan en weg te lopen. Naar buiten de frisse lucht in. Ik voel me niet thuis in dit ziekenhuis. Ik had niet verwacht me ooit thuis te voelen in een ziekenhuis maar nu ik hier zit, op deze vreemde nare klapstoeltjes tussen vreemde mensen en onbekende verpleegsters, weet ik dat dit mijn ziekenhuis niet is. Ik hoor thuis in het OLVG, niet hier. Maar ik ben hier niet voor niks gekomen, heb de stille hoop dat deze oncoloog de verlossende woorden zal spreken. 'Je twijfels zijn terecht, je hebt geen kanker en je hebt al helemaal geen chemo nodig'. Drie keer is scheepsrecht en het OLVG en AVL hebben ook niet alle wijsheid in pacht. Ik spreek stiekem af dat als deze oncoloog het met mij eens is, ik nooit meer iets onaardigs over Rotterdammers zal zeggen.

Oncoloog 3 is een zij en, hoe verrassend, ook zij begrijpt mijn twijfel. Meer nog, zij ziet en voelt mijn twijfel. Maar ze zegt niet waar ik zo op hoop. Ze geeft me wel iets. Ze geeft me het duwtje dat ik nodig heb. Want ook al zegt mijn gevoel 'nee' tegen chemo, haar gevoel zegt driedubbel 'ja'. Ja, omdat ik op jonge leeftijd kanker heb gekregen. Ja, omdat de tumor binnen drie jaar is teruggekomen en ja, omdat hij bewezen heeft aan de wandel te willen en zich niet tot mijn ex-borst heeft beperkt. 'Maar pleit er dan helemaal niks voor "nee"?' wil ik toch wel graag weten? Oncoloog 3 kijkt me met een spijtige blik aan. 'Nee, en als we een eventueel achtergebleven tumor een klap willen uitdelen, moeten we dat ook nu doen'. Met andere woorden, ik moet nu gaan voor de *kill* én volledige genezing. Als de aanwezige kwaadaardige cellen nu niet knockout gaan en ze komen op een ander tijdstip, in een ander lichaamsdeel weer terug, leef ik niet meer lang en gelukkig.

Ik ga terug voor een laatste gesprek met mijn eigen oncoloog. Ik heb namelijk nog één belangrijke vraag. Een vraag waarvan ik tot op heden niet de behoefte heb gehad hem te stellen. Maar nu is het een belangrijke vraag geworden. Zijn antwoord zal beslissend zijn of ik wel of niet voor de chemo ga. 'Mag ik wat vragen? Is deze behandeling levensverlengend of denken jullie dat ik hiermee echt heel oud ga worden?' Ik slik, mijn keel is een tikje droog. Als je zo'n vraag stelt moet je niet bang zijn voor het antwoord maar dat ben ik natuurlijk wel.

35

Een halfjaar eerder, het is zondagochtend en ik ben gelukkig. Het is begin april en het lijkt alsof de zomer al begonnen is. Naast me ligt *pretty young thing* (potentiële verkering of op z'n minst potentiële zomerverkering) en ook al ken ik hem nog niet goed, het voelt wel vertrouwd en gezellig. Later op de dag heb ik een lunchdate met mijn beste vriendje HJ en 's avonds nog een leuk etentje in het vooruitzicht. Het ziet ernaar uit dat dit mijn jaar of in ieder geval mijn zomer gaat worden. Het is mooi weer, werk gaat meer dan goed, vrienden zijn allemaal blij en gezond en ik mag ook nog voor een productie naar IJsland! Er is werkelijk niks mis met mijn leven. Dacht ik. Tot PYT niet meer belde, de zomer na vijf weken alweer voorbij was en ik weer een tumor had.

Ik moet vaak aan deze ochtend denken. Omdat ik me afvraag of dit hét omslagpunt is geweest. Is het voor mij niet weggelegd om simpelweg gelukkig te zijn? Zat de tumor er toen al of is ie pas later aan de slag gegaan? Want er moet toch een moment zijn geweest dat ik van gezond naar ziek ben gegaan? Ik denk dat het die ochtend in april is gebeurd, ik was zo gelukkig.

Gelukkig heeft mijn oncoloog op mijn vraag of de preventieve behandeling levens reddend of levensverlengend is, het door mij zo vurig gewenste antwoord gegeven. De behandeling is levens reddend! Dat is toch weer mooi meegenomen. Nu ik besloten heb om voor de chemokuur te gaan volgt het rondje langs de verpleegsters. Ze vertellen me alle ins en outs van deze behandeling. Wederom is het een chemokuur met de nodige bijwerkingen. Het goede nieuws is dat ik hier minder misselijk van schijn te worden maar daar staan diarree, hand- en voettrauma, vocht vasthouden (ik krijg visoenen van enkels zo dik dat ze over mijn zomerse muiltjes hangen), kortademigheid en nog veel meer gezelligheid tegenover. Nou ja, hoe erg kan dat allemaal zijn vergeleken met de intense misselijkheid en avonden boven de plee van de vorige keer? Ik mag zelf kiezen op welke dag ik met de kuur ga beginnen. Ik kies voor de dinsdag.

Met een beetje geluk ben ik dan tegen de tijd dat het weekend is weer op de been en kan ik nog leuke dingen doen. Ondertussen ben ik nog steeds niet 100 procent zeker van de noodzaak van de chemo maar ik houd mijn twijfels maar voor me. Op naar de volgende verpleegster. Haar praatje over het aanschaffen van een pruik komt niet zo heel goed over. Ik barst voor de zoveelste keer, word er zelf ook een beetje moe van, in tranen uit. 'Ik wil helemaal geen pruik, ik wil gewoon mijn eigen haar houden, ik wil er niet ziek uitzien want ik ben het niet.' Mijn tranen hebben geen zin, tien minuten laten loop ik naar buiten met een briefje voor de verzekering met medische indicatie voor de aanschaf van een pruik. Want in tegenstelling tot de eerste keer dat ik kaal werd en ik de hele periode heb opgeleukt met allerlei kekke sjaaltjes (Lady Day in Amsterdam is hier écht het beste adres voor) weet ik nu zeker dat ik een pruik wil. Iets zeker weten betekent in mijn geval niet altijd dat ik het écht zeker weet. Drie jaar geleden wist ik ook zeker dat ik een pruik wilde. Ik heb er toen een gekocht voor het astronomisch hoge bedrag van € 560,00 (slechts

€ 250,00 terug van de verzekering, kanker is een dure business) om hem vervolgens, na een zeer korte carrière van mol met oogjes als surprise tijdens pakjesavond, ongedragen voor € 30,00 te verkopen op Marktplaats. Met rode ogen ga ik door naar de volgende balie. Er moet bloed geprikt worden zodat ze weten hoe gezond ik ben voor ik aan de chemokuur ga beginnen. Dan gebeurt er iets wat mijn dag maakt en waar ik nog veel plezier van ga hebben. De verpleegster ziet dat ik er wel een beetje doorheen zit en ik moet na het prikken nog door naar de fysio dus ik krijg een sticker op mijn bloedprikformulier. Een sticker met een fluorescerend uitroepteken. Met die sticker heb ik voorrang op alle andere mensen die zitten te wachten. Ik kan je vertellen, op maandagochtend zijn dat er heel veel. Te veel. Met mijn gele sticker haal ik een speciaal 'gele sticker nummertje' en voor mijn billen de stoel in de wachtkamer raken, ben ik al aan de beurt. Ter plekke heb ik een nieuwe uitdaging gevonden. Het wordt mijn doel om zo min mogelijk tijd, afgezien van de noodzakelijke twee uur aan het infuus, in het ziekenhuis door te brengen. Het fluorescerende uitroepteken gaat mij daarbij helpen.

Omdat ik en niemand in mijn omgeving ooit rekening heeft gehouden met het feit dat ook mijn lymfklieren eruit zouden gaan heb ik geen idee welke voorschriften, waarschuwingen en geboden bij deze lichamelijke staat horen. De dag na de operatie is er iemand langs geweest om de hoognodige ziekenhuisinformatie te geven. Ik mag me niet (nooit meer) in mijn linkerarm laten prikken en ook geen bloeddruk op laten nemen. Ik heb oefeningen gekregen om ervoor te zorgen dat ik mijn linkerarm weer normaal kan gebruiken.

Op dit moment is het nog niet zover maar omdat ik in maart weer wil snowboarden én volgend jaar met golf toch echt onder handicap 20 moet komen én nog van Parijs naar Versailles wil rennen in minder dan twee uur, moet er heel wat gebeuren. Ik heb gelukkig een fysiotherapeut gevonden die dit snapt. Die niet begint over wat je eigenlijk moet laten als je lymfklierloos bent, maar die ervan uitgaat dat je met wat gezond verstand en de juiste oefeningen alles weer net zo kunt doen als eerst. Daar houd ik van. Want als ik de literatuur moet geloven dan moet ik alle situaties vermijden waarbij ik kans heb om een wondje op te lopen. Ik citeer uit het boekje van het KWF '...door het dragen van handschoenen kunt u bij werkzaamheden binnens- én buitenshuis de kans op snij-, schaaf- en brandwonden verkleinen'. Volgens het KWF mag ik mijn tas nooit meer over de linkerschouder dragen, zijn duursporten niet bevorderlijk, de sauna in en daarna het koude dompelbad inplonzen ook niet en is zwaar huishoudelijk werk uit den boze. Nu is dat laatste geen probleem want dat laat ik liever aan mijn schoonmaker over maar de rest? Ik heb alweer gehockeyd, mijn kat is lief maar vals en haalt regelmatig naar me uit en de eerste vijfkilometerloop heb ik er ook al opzitten. Allemaal niet goed voor mijn beschadigde lymfen en vaten maar wel goed voor mij. Met mijn fysiotherapeut bespreek ik het schrikbeeld dat ik van mezelf heb: zittend op een terrasje in een sexy zomerjurkje maar met een dikke arm die als een worst in een huidkleurige panty van 80 denier zit gewurmd. Gaat niet gebeuren verzekert ze mij. Met de juiste oefeningen en als ik ervoor zorg dat ik wondjes direct ontsmet. Als mijn kat later liefdevol edoch vlijmscherp naar mij uithaalt, ren ik naar de drogist aan de overkant en sla ik een familieverpakking Sterilon in. Ik ben op alles voorbereid.

36

Na weken van minder leuke berichten, voorlichtingsboekjes, gesprekken, second opinions, telefoontjes naar vrienden ('ja, ik krijg weer chemo, nee, ik heb geen kanker' etc) ben ik er zo ontzettend klaar mee, dat ik doe wat iedereen in zo'n situatie zou moeten doen. Ik zoek en vind een appartement in Cannes, boek een peperduur ticket (last minute is niet meer goedkoop) en ga samen met een vriendin lekker doen alsof er niks aan de hand is. Het werkt! Eén hele week lang voel ik me weer gezond en normaal. Ben ik weer Sandra en niet kanker. We ontbijten met croissantjes, flaneren over de boulevard op veel te hoge hakken en betalen elke dag met een grote glimlach 120 euro voor twee strandbedjes en een lunch inclusief wijntje. Het leven is een feest en wij vieren elke dag dat de zon hier schijnt.

Als ik thuiskom zit mijn brievenbus vol met beterschapkaartjes. Ik maak de eerste open maar merk direct dat ik hier nog niet aan toe ben. Het lezen van het kaartje maakt dat ik weer in de rol van 'ziek zijn' word geduwd en daar krijg ik het ter plekke benauwd van. Dus ik geniet nog even door, doe nog wat langer alsof. Leef mijn leven alsof er niks aan de hand is, alsof ik na dit weekend niet mijn eerste chemo krijg. Het is mijn laatste poging om normaal te zijn. Ik omring me met vrienden, wil niet alleen zijn en al helemaal niet mijn laatste normale weekend op de bank doorbrengen. Dus ik ga uit met vrienden die me goed kennen en niet over mijn ziekte beginnen. Ik maak nieuwe vrienden die me volgooien met champagne en eindig die avond met potentiële vrienden op het Museumplein waar we met blote voeten op de trappers door de vijver op het plein fietsen. Nu stond dit niet op mijn lijstje van 'dingen die je ooit gedaan moet hebben' maar ik kan het wel iedereen aanraden. Het geeft me een gevoel dat ik leef, ik voel me verliefd op het leven en op die ene medefietser. Het verdringt al het andere naar de achtergrond. Het is alsof het speciaal voor mij mooi weer is en ik breng de zondagmiddag al borrelend door met wie er ook maar beschikbaar is. Ik geef niet toe aan mijn angst voor aanstaande dinsdag als ik mijn nieuwe chemokuur krijg.

Maar nu is het bijna zover. Morgen begint mijn chemokuur en als ik heel eerlijk ben, weet ik nog steeds niet zeker of ik het wel wil. De twee weken na Cannes heb ik vanaf een roze wolk beleefd. Heb iedere dag geleefd, ben wel drie keer verliefd geworden, even zo vaak afgewezen (waarvan slechts één keer echt pijn deed) en heb eindelijk, eindelijk het gevoel dat dit is wat ik wil. Ik ervaar alles zo intens. Zo hoort het leven, zo hoort mijn leven te zijn. Ik moet wel gek zijn om dat op te geven voor die paar procent kans. Geen onbelangrijk detail is dat ik direct na terugkomst uit Cannes een port-a-cath heb laten plaatsen. De narcose was wederom een feestje, het eindresultaat iets minder lollig. Toen mij een port-a-cath, het kastje waarin ik geprikt ga worden bij gebrek aan voldoende bruikbare aders, werd voorgesteld had ik model Russische microchip in gedachten die geheel onzichtbaar onder de huid geplaatst zou worden. De werkelijkheid valt dan toch altijd tegen. Want in plaats van een onzichtbare microchip heb ik twee extra littekens en een bult van het formaat halve golfbal boven mijn rechterborst. Niet óp mijn borst wat een cupmaatje meer zou betekenen maar er precies boven. Ik weet niet wie die plek heeft bedacht maar het lijkt mij sterk dat het een vrouw is geweest. Die weet wel beter. Maar goed, de pac zit er en hij zit er met een reden. Ik houd mij voor dat ik de pac er ook gewoon weer ongebruikt uit kan laten halen als ik het toch niet doe, die chemo. Het is mijn lijf, mijn pac, en als ik hem niet wil gebruiken is dat mijn eigen keus.

Nog nooit in mijn hele leven heb ik zo tegen iets opgezien en getwijfeld. Vandaag, maandag, volgt de ene paniekaanval na de andere. De hele dag en tussen al het borrelen van het afgelopen weekend door, woedt er een soort van innerlijke strijd in me, gevoel zegt nee, verstand zegt ja. Nee, ja, nee, ja, de hele dag door. Ik heb uit alle macht geprobeerd er niet aan te denken, er gewoon voor te gaan. Ik heb de beslissing toch al genomen dus erover piekeren heeft geen zin. Maar het is me niet gelukt. Juist door alles wat er de afgelopen weken is gebeurd, zijn mijn twijfels in volle kracht teruggekomen. Met als resultaat dat ik 's nachts, mijn moeder slaapt bij me, spontaan besluit om het niet te doen. Ik heb een té leuk leven om weer ziek te worden van de chemo. Ik wil gewoon doorgaan zoals altijd. 'Mam, ik doe die chemo toch niet hoor, ik ga morgen niet.' Ik klink vastbesloten en dat ben ik ook. Het is het niet waard. Ik ben na deze beslissing opeens klaarwakker.

37

Toen ik drie jaar geleden mijn eerste chemokuur kreeg, heb ik mijn hele levensstijl rigoureus aangepakt. Ik kocht een elektrische tandenborstel en spoelde drie keer per dag mijn mond met zout water om infecties te voorkomen. Chemo zorgt er namelijk voor dat je hele immuunsysteem plat komt te liggen waardoor een slechte adem nog het minste probleem is. Ik kreeg van een vriend een groentesapmachine zodat ik voor mijzelf uiterst smerige, maar o zo gezonde sapjes kon maken. Ik weet nu ook waarom het zelf maken van groentesap nooit echt is aangeslagen. Het schoonmaken van het apparaat nam een halve werkdag in beslag. Ergens in Amsterdam moet een zwerver rondlopen die de trotse bezitter is van een groentesapmachine, want een uur nadat ik het ding op straat had gezet was het al weg. Mijn schijf van vijf bestond uit louter antioxidanten. Ik heb van begin tot eind geen druppel alcohol gedronken en geloof me, normaal gesproken spuug ik niet in een cola-Beerenburg Light. Daarnaast heb ik ook geen sigaret meer aangeraakt. Nu was dat niet zo moeilijk want ik heb nog nooit één sigaret gerookt, maar toch. Dat ik toen niet begonnen ben met roken bewijst in ieder geval dat ik geen stressroker ben. Kortom, ik was Miss Gezond 2004, op die ene lousy tumor na dan.

Nu voor de tweede keer het hele feest gaat beginnen, neem ik de tijd om te kijken wat dit gezonde leven me gebracht heeft. Ik ben tijdens de chemokuur zo'n tien kilo afgevallen. Er zijn vast mensen die daarvoor met veel plezier een chemococktail tot zich willen nemen maar in mijn geval was het niet echt noodzakelijk. Verder heb ik ondanks alle antioxidanten die bedoeld waren om de chemo sneller mijn lichaam uit te werken, nachten boven de wc doorgebracht. Als er iemand van het Guinness Book of Records bij was geweest, had ik met tweeëntwintig keer overgeven in een nacht zeker een eervolle vermelding verdiend. Dit keer ga ik het anders doen. Of het me nu wel of niet smaakt, dat wijntje drink ik lekker op en zout doe ik alleen nog maar op mijn ei. En wie weet, misschien ga ik ook gewoon beginnen met roken.

De nacht voor Chemo Deel Twee was de nacht waarin ik besloot om er niet voor te gaan. Iedereen weet dat het tweede deel nooit zo goed is als het eerste. Ik ben daar geen uitzondering op. Ik besloot daarom geen chemo te nemen. Ik had het gevoel dat de afgelopen drie jaar volkomen voor niks waren geweest, dat ik niks had bereikt (nog steeds geen woonboot gekocht, nog steeds geen verkering), dat ik voor niks zo ontzettend hard geknokt had om te komen waar ik nu was. Ik heb zelfs blaren onder mijn oksel gehad toen ik aan het trainen was voor de marathon en dat krijg je niet met één keer in de week rennen. Ik wilde deze herwonnen energie niet opgeven. Maar de belangrijkste reden was dat ik niet wist of ik dit gevecht weer aankon. Omdat ik, los van alle leuke dingen die ik deed of meemaakte, niet meer zag waarom ik leefde, wat mijn bestaansreden was. Hier lag ik in bed, zesendertig jaar, nog altijd single, mijn moeder op de plek waar eigenlijk een liefhebbende man hoorde te liggen. In al die zesendertig jaar had ik niks bereikt, zelfs de afgelopen drie jaar hadden daar geen verandering in gebracht.

Had ik door mijn ziekte geen beter mens moeten worden? Maar ik had niks gedaan met de extra tijd die ik had gekregen, geen opzienbarende theorieën bedacht, niet verlicht wakker geworden en blijkbaar nog steeds niet in staat een man te vinden die me leuk vond. Leuk genoeg om voor me te gaan. In plaats daarvan werkte ik nog steeds bij hetzelfde bedrijf, werd ik verliefd op foute, bezette mannen, kuste ik met dito mannen, kocht ik een huis om het vervolgens weer af te zeggen en had ik het gevoel dat ik altijd in de verkeerde rij stond. Ik had geen innerlijke rust, balans of kracht gevonden. Ik was gaan hardlopen om deze rust te vinden maar ook dat eindigde in een competitie. Kortom, als ik niks maar dan ook niks geleerd had van de afgelopen periode wat was dan het nut om alles nog een keer over te doen? Wat was daar in godsnaam de toegevoegde waarde van? Dus sprak ik de woorden: 'Mam, ik ga morgen niet. Want iedereen zegt dat ik het voor mijzelf moet doen en daar doe ik het eigenlijk niet meer voor.' Ik zou de chemo nemen voor al die anderen, omdat het van me verwacht werd, het de meest voor de hand liggende keuze was. Maar ik zou het niet doen voor die ene persoon die er echt toe deed. Ikzelf. Ik denk dat ik het niet voor mijzelf wilde doen omdat ik mijzelf gewoon niet zo heel bijzonder vond. Ik geloof niet dat ik mijzelf waard vond om te blijven leven. En het feit dat er nog nooit iemand is geweest die echt, onvoorwaardelijk van mij heeft gehouden en zonder dwang voor mij heeft gekozen woog nogal zwaar mee. Natuurlijk, mijn ouders houden onvoorwaardelijk van mij. Maar, dacht ik toen, zij hebben geen keus. Ze hebben een kind gekregen en dat was ik. Daar houd je van. Punt. En wat doe ik? Ik beloon de liefde van mijn ouders door veelvuldig jaren op reis te gaan, sporadisch te bellen, bijna nooit langer dan een dagje langs te komen en uiteindelijk een levensbedreigende ziekte te krijgen. Dat is mijn cadeau aan iedereen die mij liefheeft. Ik was alle zorgen niet waard. Op dat moment kon ik niet vermoeden hoe groot de impact van al deze sombere gedachten was. Het bleven ook gedachten, want ze allemaal uitspreken, dat kon ik niet. Maar wat als een paal boven water stond, was dat ik alleen aan de chemokuur moest beginnen als ik het voor mijzelf wilde. Ik moest het voor mijzelf doen en voor niemand anders. Dus, was ik het wel waard?

38

Gelukkig was mijn moeder er, naast me, in het donker. Argumenten om het toch te doen, waren er te over. Geen van alle waren ze belangrijk genoeg voor mij om mij van gedachten te doen veranderen. Tot ze het laatste argument uit haar pyjamamouw schudde, het konijn dat ik vreemd genoeg niet uit die mouw had verwacht. ‘Maar als je het niet voor jezelf wilt doen, doe het dan voor ons, je zus en je nichtjes. Je wilt je nichtjes toch ook zien opgroeien’? Kijk, daar had mijn mamsje een punt. Nichtjes Lutein, Pia en ik zijn gek op elkaar. Nog gekker dan ze op mij zijn, zijn ze op de cadeautjes die ik altijd meeneem en de snoepjes in mijn auto. Maar dat mag de pret tussen ons niet drukken. En had ik niet, lang geleden, met mijn zus de deal gemaakt dat we samen naar bejaardentehuis Het Laatste Zuchtje zouden gaan? Ik was makkelijker om dan ik zelf had verwacht. Vooruit, voor mijn zus en nichtjes wilde ik nog wel een poging wagen. 'Maar mam, één chemokuur, en als het me niet aanstaat, kap ik er alsnog mee hoor!' Ik meende het. Maar mijn moeder was voldoende gerustgesteld. Ik zou toch gaan en omdat ze me een beetje kent, wist ze dat ik na die eerste kuur de andere vijf ook zou nemen. De volgende ochtend gingen we dus vastbesloten en zenuwachtig naar het ziekenhuis. Op naar de chemo.

Mijn zus is er en Wendy. Voor de verpleegsters ben ik een oude bekende. Dat zou ik jammer moeten vinden maar het heeft ook wel iets vertrouwds en persoonlijks. Zoals altijd wordt bij alles wat me wordt toegediend (chemo) of afgenomen (bloed) gevraagd naar mijn geboortedatum. Dat is iedere keer een kleine confrontatie met de harde werkelijkheid. Ik ga uit van een geestelijke en een biologische leeftijd en geestelijk voel ik me al jaren jonger dan ik in werkelijkheid ben. Ze willen altijd mijn biologische leeftijd weten. In de chemokamer staan zeven stoelen. Ik ben de eerste, dus neem ik de stoel het dichtst bij de uitgang. Als puntje bij paaltje komt, sta ik zo buiten als ik me toch nog bedenk. Maar ik bedenk me niet en ga ervoor. Net als drie jaar geleden voel ik hoe de vloeistof zich een weg door mijn aders baant en bezit neemt van mijn cellen. Mijn hoofd voelt licht, een koude druk rond mijn neus en mijn lijf ontspant zich. Na twee uur heb ik de eerste zak chemo in mijn lichaam zitten.

Omdat ik alles anders wil doen dan de eerste keer ben ik niet naar mijn huisje in Amsterdam gegaan maar met Marlies naar Leur, een dorpje in the middle of nowhere dat de naam dorp amper verdient. De bedoeling was om tot rust te komen in een super landelijke en relaxte omgeving mét goed gezelschap. Maar in plaats daarvan word ik alleen maar onrustiger. Ik zit mijzelf enorm in de weg, zet me af tegen alles wat met mijn chemo te maken heeft, ben onrustig, kan me niet bij de situatie neerleggen en praat en denk mezelf ongelukkig. Daar kunnen geen chocoladebruine labradorpup en lieve vriendin iets tegen doen. Ik zit het twee dagen uit, dan wordt het me te veel. Niet gehinderd door enige misselijkheid of vermoeidheid, behalve dan mijn zwaarder dan zware gedachtes, pak ik donderdag de trein naar Amsterdam. Een paar uur later zit ik bij mijn zus op de bank, mijn chemopillen in mijn hand. Ik slik ze pas drie dagen maar ben er nu al klaar mee. Is het slikken van een gewoon pilletje al niet fijn, meestal doe je dat wel met een goede reden. In mijn geval was dat altijd: één om niet zwanger te worden en één om de hoofdpijn van de avond ervoor te bestrijden. Nu moet ik pillen nemen die me ziek gaan maken. Ik ben verontwaardigd over deze meedogenloze manier van medicatie. Hoe kunnen ze van mij verwachten dat ik twee weken lang iedere dag tien pillen slik waar ik ziek van word? Mijn zus haalt een glas water voor me, ik draai de pillen rond tussen mijn vingers voor ik ze uit frustratie door de kamer gooi. Mijn zwager loopt langs de bank waar ik zit te huilen en legt even zijn hand op mijn schouders. 'Het is wel heel zwaar hè, deze keer.' Ik blijf de pillen natuurlijk toch slikken. En daar heb ik nu zo'n spijt van. Spijt als haren op mijn hoofd. Als ik er niet zo zuinig op zou moeten zijn omdat ze al snel zullen uitvallen, had ik er vast een paar uit mijn hoofd getrokken. Want ik heb me nog nooit zo gevoeld, zo depressief, zo verdrietig, zo bang voor de toekomst. Ik huil om alles, om de verliezer bij *Deal or no Deal* of om de arme mensen die bij *Extreme HomeMake-over* een nieuw huis krijgen. Ik huil bij *Gooische Vrouwen*, *Het Kleine Huis op de Prairie* en *Hart in Actie* maar daar huil ik altijd al bij. Maar ik huil pas echte tranen als ik eraan denk dat dit de eerste kuur was en er nog vijf zullen volgen waarbij ik me waarschijnlijk net zo depressief ga voelen als nu. Ik kan er niet over praten zonder een steen in mijn maag te voelen. Ik kan niet verder denken dan vandaag omdat iedere dag daarna een angstaanjagend zwart gat is. Bijna net zo erg (maar niet helemaal) is nog dat ik vanaf dag één niks meer proef. Niks, nul, nada, noppes. Zet een bord stront neer, blinddoek voor, knijper op mijn neus en ik eet het op. De gedachte dat dit nog tot het eind van het jaar duurt, depressief en zonder smaak, vliegt me aan, want ik houd zo van lekker eten. Dus ik huil nog maar wat meer. Om wat ik nu niet meer heb en om wat ik verder nog ga verliezen.

Op een of andere manier wordt het toch weekend en na het weekend zelfs maandag. Ik ben er zelf verbaasd over maar ik voel me goed genoeg om te gaan werken. Lang leve Sanoma Uitgevers en lang leve mijn uitgever die me alle ruimte geeft om zelf te bepalen of en wanneer ik kom. Werk wordt mijn lifeline. Zonder dat heb ik niet echt een doel of reden om op te staan, te douchen, me aan te kleden, me op te maken en te ontbijten. Het klinkt lichtelijk pathetisch maar zo voelt het. Als ik maar werk, heb ik het gevoel dat ik leef en ertoe doe. Natuurlijk kost werken mij energie maar ik krijg er zoveel meer voor terug. Lag ik donderdag nog als een dood vogeltje te vegeteren bij mijn zus, maandag voel ik me weer goed genoeg om tijdens vergaderingen beslissingen te nemen en mijn vervanger bij te praten. De weken na mijn eerste chemo voel ik me alleen maar sterker worden en verdwijnt het verdriet een beetje naar de achtergrond. Ik heb de eerste kuur overleefd, zonder kotsen, zonder moeheid. Alleen een beetje depressief, maar dat heeft iedereen toch wel eens?

Je zou denken dat ik me deze wonderbaarlijke wederopstanding nog kan herinneren op de dag dat kuur twee zich aandient. Maar nee, als ik na kuur twee en een volkomen nutteloze depressieve week op zaterdagavond op de bank zit, zie ik het wederom helemaal niet meer zitten. Ik kan me niet voorstellen dat ik maandag weer aan het werk kan. Als vriendin Soof mij probeert op te vrolijken door te zeggen dat alles er morgen vast weer beter uitziet, zeg ik zonder blikken of blozen dat het me niks zou uitmaken als ik morgen niet meer wakker word. Ik meen het nog ook. Het is een rustgevende gedachte. Gewoon niet meer wakker worden, zonder pijn en zonder zorgen ertussenuit knijpen.

Het lijkt me wel zo relaxed op dit moment. Ik begin een beetje te begrijpen wat mensen die fulltime depressief zijn dagelijks moeten doorstaan. Die iedere ochtend met zo'n zwaar gevoel opstaan en geen uitzicht hebben op een lichtere dag. Een vriendin wees me erop dat die mensen niet eens meer zien dat het licht zo mooi door de bomen valt. Ik zie dat gelukkig nog wel. Het duurt soms even, maar een kleine week na de chemo vervagen mijn donkere gedachten en worden mijn emoties weer gevuld met mooie ervaringen. Maar ik begin wel te begrijpen dat dit niet de manier is om met de chemokuren en de teruggekomen kanker om te gaan. Het wordt tijd dat ik hulp zoek, professionele hulp. Of zal ik toch gewoon stoppen met de chemo?

39

Ziek zijn doe je in je eentje. Dat geldt denk ik voor iedereen, of je nu een partner hebt of niet. Maar op sommige momenten denk ik toch echt dat het helpt als er iemand in de buurt is. Om er voor je te zijn. Vanmorgen was zo'n moment. Een paar dagen eerder dan ze in het ziekenhuis hadden voorspeld is het begonnen: mijn haar begint uit te vallen. Het is nog niet zo erg dat er bossen op mijn kussen liggen maar vanmorgen toen ik het borstelde, kwamen er toch aanzienlijk meer haren mee dan normaal. Dan bij een normaal mens. Het duidelijkst is het als er in plaats van een paar haren een hele pluk los in mijn haar hangt. Ik kan de pluk er zo tussenuit trekken. Ik kijk ernaar en verbijt mijn tranen, bijt op mijn lip en kan het met niemand delen. Wil het ook niet delen want dit moet een leuke dag worden, een leuk weekend. Niet een waarbij ik de hele tijd aan mijn ziekte herinnerd wordt. Elke keer erover praten maakt dat mijn ziek-zijn weer een stapje dichterbij komt. Gisteren had ik nog het gevoel dat ik de hele wereld aankon. De vijf kilometer tijdens een loopje in achtentwintig minuten gedaan waarbij ik zeventiende werd bij de dames op de vijf kilometer, wat lang niet slecht is voor iemand die net twee operaties achter de rug heeft en een litertje chemo in haar lijf. Het goede gevoel bleef aanhouden tijdens het feest na afloop én zelfs toen ik daarna nog doorging naar de kroeg. Het lopen had me zoveel energie gegeven dat ik zowaar ruggengraat genoeg had om rond 02.00 naar huis te gaan in plaats van naar Club NL. Met als ultieme afsluiting een warme kaascroissant bij de bakker op de hoek op weg naar huis waar je, midden in de nacht, gesprekken met onbekenden hebt die ook een warm broodje komen scoren. Zo'n dag waarvan ik zou willen dat ze vaker voorkwamen.

Ik weet dat ik over twee weken weer helemaal kaal ben en er daardoor ziek uitzie. Voor iedereen en met name voor mijzelf. Want ik kan, en daar ben ik echt heel erg goed in, nog zo mijn best doen alsof er niks met me aan de hand is, mijn uiterlijk gaat me hoe dan ook verraden. Ik weet dat de blikken en gesprekken van mensen gaan veranderen. Ik weet dat ik niet meer gezien zal worden als Sandra maar als Sandra die ziek is, die borstkanker heeft. Want als je kaal bent, ben je pas echt ziek. Ik probeer iets van moed te putten uit de woorden van een vriend toen hij hoorde dat ik weer ziek was en dus ook weer kaal werd. 'Gelukkig heb je altijd je mooie blauwe ogen nog.' Het helpt een beetje. Maar het is nooit genoeg.

40

Hoeveel haren heb je eigenlijk op je hoofd? Ik wist het niet dus ik heb het even opgezocht. Wikipedia staat voor niets. Gemiddeld heeft een vrouw tussen de 130.000 en 150.000 haren. Dat is écht heel veel. Een normaal mens verliest zo'n zeventig haren per dag. Na een chemo verlies je er een stuk meer. Mijn toekomstige partner zal mij nooit horen piepen over haren in het doucheputje. Het uitvallen van mijn haar is begonnen, ik hoef maar een hand door mijn haar te halen of ik heb een flinke pluk in mijn hand. Ik probeer het zo min mogelijk te wassen want ook dan trek ik er hele bossen uit. Die zich allemaal rond het doucheputje verzamelen. Borstelen is helemaal een crime. De verpleegster heeft me gewaarschuwd en toch komt dit zeer zichtbare lichamelijke verval eerder dan verwacht. Aan het eind van week drie na de eerste chemo. Dat is drie weken eerder dan ik had gedacht. Of liever gezegd, had gehoopt. Ik ben er dus ook nog niet echt op voorbereid. Voorbereiding is niet mijn sterkste kant. Ik wist dat dit moment eraan kwam. Ik ben er geestelijk ook wel klaar voor maar dat komt meer door mijn aloude 'als ik er niet aan denk, bestaat het ook niet' techniek dan door iets anders. Ik heb me er zo'n beetje bij neergelegd: ik heb 'ja' gezegd tegen de chemo en daarmee ook tegen een kaal hoofd. Maar ik word nu wel heel erg lelijk: links geen borst, rechts een bult van de port-a-cath en binnenkort ook weer kaal. Ik moet mijn best doen mezelf geen freak te vinden. Maar goed, het is nu eenmaal zo en er schijnen toch echt hele leuke pruiken te zijn die niet kriebelen en niet bij het eerste het beste vlammetje in de fik vliegen. Zeggen ze. Ik moet deze ideale pruik alleen nog vinden.

De winkel waar ik drie jaar geleden een overprized synthetisch modelletje heb gekocht, sla ik dit keer over. Ik begin mijn zoektocht bij Backstage op de Rozengracht. In de winkel wacht ik even met mijn vraag tot alle (mannelijke) klanten weg zijn. Ik vind het toch een beetje gênant om ten overstaan van de hele zaak over een pruik te beginnen. Maar de verkoopster is super en trekt het ene na het andere model van de planken. Ga ik voor dezelfde kleur en coupe als ik had of wil ik compleet iets anders? Daar heb ik niet over nagedacht. Ik wil gewoon een pruik waaraan je niet ziet dat het een pruik is en die niet in brand vliegt in de kroeg. Dat lijkt niet al te moeilijk maar is het wel. Ik kom er niet uit, vind alle pruiken toch wel erg pruikerig staan, baal dat ik hier alleen naar toe ben gegaan en ga onverrichter zake naar huis. Me ergens bij neerleggen is één ding, er daadwerkelijk klaar voor zijn om het ook te accepteren iets anders.

Nieuwe rondes, nieuwe kansen, andere winkel. Bij de pruikenwinkel op het stille stuk van de Albert Cuyp waag ik een nieuwe poging. Het blijkt een op Surinaamse dames georiënteerde zaak want de super *glow* gel en antikroesproducten zijn niet te tellen. Maar qua pruiken hebben ze ook rekening gehouden met de geblondeerde en gestraighte Surinaamse vrouw en dus zit er ook voor mij wat tussen. Ik kan alleen, hoe verrassend, maar niet beslissen. Ik laat de verkoopster wat foto's maken en fiets naar huis. Moe. Teleurgesteld in mezelf. Ik moet dit toch zelf kunnen? Gewoon een leuke pruik vinden en kopen? Maar ik geef niet op. Ik moet en zal een pruik. Voor mijn haar er allemaal af is en voor ik weer aan het werk ga. Thuis kijk ik op internet op alle pruikensites en tussendoor ga ik met de foto's van de potentiële aankopen naar mijn vaste en vertrouwde kapper Chris voor advies. Een vrouw kent haar borsten weliswaar het beste maar een kapper kent het best haar haar. Vervolgens ga ik nog zeker vijf keer naar de Suri-pruikenwinkel, elke keer met iemand anders. Ik heb er een dagtaak aan en van uitrusten komt het niet veel meer. Ik staar me volledig blind op het vinden van de ideale pruik. Een pruik waardoor niemand ziet dat ik kanker heb. Maar meer nog zoek ik een pruik waarmee ik zelf ook niet zie dat ik kanker heb. Met precies hetzelfde blonde haar als ik had. Niet dik, niet heel veel maar wel levend, losjes en met een beetje slag. Ik word zo in beslag genomen door deze zoektocht dat ik me niet realiseer dat ik deze pruik nooit zal vinden. Geen pruik zal mijn eigen haar kunnen vervangen. Er is geen pruik op de wereld die lekkerder zit of leuker is dan mijn eigen haar. De pruik die iemand kanker doet vergeten, moet nog uitgevonden worden. Want juist het dragen van een pruik, hoe mooi ook, is een bevestiging van dat wat ik niet wil zien en weten: ik ben ziek. Niet zomaar ziek maar zo ziek dat ik er kaal van word.

Mijn moeder, mijn zus, een vriendin, iedereen die ik meesleep naar de pruikenwinkel heeft een andere favoriet. Ondertussen vind ik het helemaal niet leuk meer. Ik heb net mijn tweede chemokuur gehad, het haar dat ik nog heb, ziet er niet meer uit. Ik heb nog steeds last van depressieve dagen en raak steeds vermoeider. Maar het ergste is dat ik nog steeds geen pruik heb maar maandag wel per se met haar naar mijn werk wil. Dat ik ook op een andere dag kan beginnen, als dit zo belangrijk voor me is, komt niet in me op. Ik wil dat iedereen die ik meeneem dezelfde pruik mooi vindt zodat ik die kan kiezen en niet zelf hoef te beslissen. Bijkomend probleem is dat de pruiken die enigszins in aanmerking komen allemaal nog bijgeknipt moeten worden. Ik heb wel al een afspraak bij

Chris gemaakt maar ben nog steeds pruikloos. Als ik zo doorga, ben ik dat maandag nog steeds en tegen die tijd ben ik ook haarloos. Pruik- en haarloos, ik moet er niet aan denken en raak bijkans in paniek. Vandaar dat ik last minute twee pruiken aanschaf. Eén miskoop en één goedkoop. Met goedkoop bedoel ik dat het een goede koop was en niet dat hij goedkoop was. Vrijdagmiddag ben ik voor de laatste keer naar de Surinaamse pruikenwinkel gegaan. Vastbesloten om voor de laatste keer te kijken maar nog niks te kopen. Want zaterdag zou ik ook nog met een vriendin naar een dame in Rotterdam gaan die echt dure, luxe, onbetaalbare (lees 2.000 euro!) pruiken maakt. Nou ja, laat maken in een lagelonenland. Deze pruiken zijn dus weliswaar duur maar wel van echt haar, afgestaan door Chinese dames. Vervolgens is elke haar gesplitst, bewerkt en vastgenaaid door zwetende kinderhandjes. Het maakt mij niet meer uit, misschien heeft ze nog een tweedehandsje liggen. Want ik ben té moe, té klaar ermee. Klaar met het feit dat ik überhaupt een pruik uit moet zoeken. Dat ik voor de tweede keer kaal word en er daardoor toch wel raar uitzie. Ik ben er klaar mee dat ik alle pruiken stom vind, het woord pruik ook een stom woord vind, maar het woord haarwerk nog erger. Moe en paniek maakt dat ik rare dingen doe. Geheel tegen de met mijzelf gemaakte afspraak in, koop ik de pruik in de pruikenwinkel. Om vervolgens de dag erop ook nog een pruik bij de dame in Rotterdam te kopen. Die laatste draag ik nu. De vuurdoop was afgelopen maandag toen mijn pruik en ik samen naar het werk gingen. We stapten de lift in en er kwamen nog twee mensen bij. Ze keken niet op of om. Toen in de loop van de dag ook nog een collega langsliep met de woorden: 'Leuk, je hebt je haar geverfd,' was mijn missie geslaagd. Deze pruik mag blijven en de ander gaat in de verkleedkist van mijn nichtjes. Met deze ben ik weer een beetje mijzelf en een beetje rossig in plaats van blond. En ik ben ook weer een beetje blij.

41

Met het kopen van de pruik heb ik één probleem opgelost. Nu ben ik voor de buitenwereld even niet ziek en kan ik normaal zijn. Gewoon werken, uitgaan en sporten zonder aangekeken te worden. Zo hoeft niemand te weten dat ik chemo krijg omdat ik weer een tumor heb gehad. Maar het gaat natuurlijk niet alleen om hoe andere mensen mij zien, of om de buitenkant. Ik moet mijzelf ook weer even terugvinden. Want tijdens de eerste twee chemokuren is daar iets niet goed gegaan. Lichamelijk is er nog niet veel aan de hand, geestelijk des te meer. Ik ben de week na de chemo depressief of neerslachtig, hoe je het maar wilt noemen. Ik weet gedurende de eerste dagen niet goed raad met mezelf en het moe zijn. Ik ben totaal besluiteloos en lusteloos. Het ergste zijn nog wel mijn negatieve toekomstgedachten die ik ook vaak uitspreek naar de persoon die op dat moment voor me zorgt. Alles wat ik normaal gesproken voor me houd, gooi ik er nu uit. Gedachtes in de trant van 'drie jaar geleden heeft het ook niet geholpen, waarom zou het nu wel helpen'. Of 'alles wat ik de afgelopen drie jaar heb gedaan, is voortgekomen uit iets negatiefs (waarmee ik mijn tumor bedoel)'. Daar worden mijn omgeving en ik niet gelukkig van. Zo ben ik normaal gesproken ook niet. Gelukkig zie ik een paar dagen na iedere chemokuur opeens de zon weer schijnen, mijn nichtjes lachen en mijzelf ook.

Volgens mijn oncoloog is het een bijwerking van de medicijnen die ik krijg en valt het onder medicinale depressiviteit, depressief door medicijnen. Allemaal leuk en aardig maar gezien het feit dat ik nog vier chemokuren moet, lijkt het me niet verstandig zo door te gaan. Bovendien, de depressies zijn één ding waarmee ik om moet gaan, het accepteren van de chemo en kanker een tweede.

Een vriendin raadt me een psycholoog aan, gespecialiseerd in traumaverwerking. Nu weet ik niet of twee keer kanker een trauma is maar ik mag langskomen voor een eerste gesprek. Een gesprek waarin ik voornamelijk praat en huil en zij luistert. Want het is nogal wat, wat ik wil. Ik wil namelijk niet ziek zijn. Ik wil niet door dezelfde dingen gaan als drie jaar geleden. Ik wil niet denken dat dit het is. Ik wil niet meer alleen zijn. Ik wil niet dat er nog meer vrienden om mij heen zomaar doodgaan of verdriet hebben. Ik wil geen negatieve gedachtes en ik wil geen dagen in bed doorbrengen. Ik wil een leuk en normaal leven. Ik wil dat het allemaal makkelijker wordt in plaats van moeilijker. Ik wil dat mijn leven weer leuk wordt.

Maar deze psycholoog is goed, ze belooft nog net geen verkering voor me te vinden maar het scheelt niet veel. Wat ze wel doet, is me rust geven. Rust in mijn hoofd en rust in mijn lijf. Ze doet dit door me te wijzen op heel simpele dingen. Door te zeggen dat mensen, als hun weerstand laag is, vaak teruggrijpen op oude, vaak al afgeleerde, gewoontes. Dat is bij mij op tijd uit bed, je nuttig maken en iets doen of ondernemen. Maar waar mijn lichaam en geest op die slechte dagen behoefte aan heeft, is rust. Als ik zeg dat ik op zaterdag om een uur of tien van mijzelf 'moet' opstaan is ze stomverbaasd. 'Half Amsterdam ligt op zaterdag tot halfeen in bed, waarom zou je er zo vroeg uitgaan als je nog moe bent?' Tja daar heeft ze een punt, vandaar dat het 's ochtends altijd zo rustig is op straat. Maar vroeger stond ik altijd vroeg op. Niet voor niks hebben mijn huisgenoten toen ik studeerde voor mij de regel ingesteld dat ze in het weekend niet voor twaalven door mij wakker gemaakt mochten worden. Als ik om negen uur 's morgens na een avond stappen en doorhalen alweer stond te stuiteren naast mijn bedje, lagen zij nog op één oor. Ik heb normaal gesproken veel energie maar daar is nu weinig meer van over.

We praten over mijn behoefte om de controle te hebben. Ziek zijn is een van de ergste *control* killers. Geheel tegen mijn gevoel in, geheel tegen mijn wil in, ben ik ziek geworden. Ik had en heb geen controle over de tumoren die groeiden in mijn lichaam, was me er niet eens van bewust. Ik heb geen controle over het verloop van de ziekte, over hoe de medicijnen aanslaan. Ik probeer er alles aan te doen om die controle, al is het maar een beetje, terug te krijgen. Door een pruik te kopen, door homeopathische pillen en poeders te slikken vol antioxidanten waarmee ik de chemo te slim af hoop te zijn. Maar ik verlies de controle weer tijdens gesprekken met mijn chirurg of oncoloog. Want alles wat ik vind op internet of hoor van andere experts, weten zij met een paar vragen of opmerkingen te weerleggen. Het is altijd een ongelijkwaardige onderhandeling, hoe goed ik mij ook op die gesprekken voorbereid, zij weten altijd meer en houden zo de controle over mij en mijn behandeling. Ik ben het niet gewend om zo een gesprek, een onderhandeling in te gaan. Het is frustrerend. Controle heeft ook te maken met het verlies van zelfstandigheid. Voor de tweede keer in drie jaar heb ik mensen nodig om voor me te zorgen, moet ik continu om hulp vragen. Alleen al het praten over al mijn frustraties en twijfels en de bevestiging die ik op bepaalde punten krijg, zorgt dat ik meer ruimte krijg. Er zit weer ruimte en lucht tussen mijn oren, mijn ribben en ik probeer diep door te ademen naar het onderste gedeelte van mijn buik. Het lukt nog niet, tranen wellen weer op, die ik snel weglach. Mijn psych kijkt me fronsend aan. 'Daar is die lach weer,' lijkt ze te zeggen, maar het is geen compliment. Ik maak een afspraak voor over twee weken, na mijn volgende chemokuur. Ik hoop met behulp van mijn psych mijzelf weer terug te krijgen. Niet alleen de eerste dagen na de chemo maar de hele periode. Wat hebben een pruik en psycholoog met elkaar gemeen? Sinds kort weet ik daarop het antwoord. Bij of met beide kan ik mijzelf zijn.

Het effect van mijn psych is al snel merk- en voelbaar. Zij kwam met het lumineuze idee dat ik me niet meer zou proberen te verzetten tegen de chemo maar eraan toe zou geven. Ik had het zelf niet beter kunnen bedenken. Niet verzetten betekent in mijn geval rust nemen, uit mogen slapen van mijzelf, niks moeten behalve beter worden. Het lijkt zo simpel maar, verdomd, het werkt! Het glas is weer halfvol in plaats van helemaal leeg. Ik kijk naar wat ik op een dag wel heb kunnen doen in plaats van wat ik allemaal heb moeten laten. Dus lig ik nu, als ik voel dat ik het nodig heb, de hele dag lekker in mijn bedje met een dvd'tje erbij. Of in bad maar dan zonder de dvd want zo luxe woon ik nou ook weer niet. Zo had ik het nog nooit bekeken. Maar daar heb ik dus nu mijn duurbetaalde psycholoog voor en kan ik me richten op leukere dingen.

42

Ik ben een absolute fan van Johan Cruijff. Dat was ik al, maar nadat ik hem een keer in een restaurant heb gezien, ben ik het helemaal. Ik zat met mijn date aan een tafeltje en aan het tafeltje tegenover mij zat hij, God Cruijf. Ik heb de hele avond over de schouder van mijn date naar JC zitten kijken. De date werd niks maar JC wenste me bij het verlaten van het restaurant nog een goede avond. Ha, dat was het dankzij hem natuurlijk allang! Sinds ik ziek ben, moet ik vaak aan JC denken. Ik heb zijn beroemdste uitspraak 'elk nadeel heeft zijn voordeel' namelijk tot de mijne gemaakt. In tegenstelling tot wat je zou verwachten, zitten er namelijk heel veel voordelen aan kanker en chemo. Ik had dit al gemerkt toen ik drie jaar geleden ziek was, maar word er nu weer in bevestigd. Kanker kan best leuk zijn.

Laat ik voorop stellen, kanker is en blijft mijn minst favoriete ziekte. Er zijn meer ziektes die niet populair zijn maar kanker staat over het algemeen bij iedereen bovenaan. Dat heeft meerdere redenen. Groot nadeel van kanker is natuurlijk dat je er dood aan kunt gaan, dat spreekt niet-suïcidale mensen waarschijnlijk het minst aan. Ook het feit dat het niet een kwestie is van 'eens maar nooit weer' (zoals mazelen of waterpokken) vergroot de populariteit van kanker niet. Dit zijn denk ik wel de universeelste nadelen van kanker. Op het persoonlijke vlak komen er in mijn geval nog drie bij.

Naalden. Zijn de meeste mensen al niet weg van naalden, ik ben fobisch. Geloof me, een natuurlijke weerstand tegen naalden is heel gezond. Als we die weerstand niet hadden zouden er wel meer Floortje Bloems of Christiane F's rondlopen. Maar mij maak je er echt, echt niet blij mee. Een simpel prikje is al genoeg om de hele afdeling bij elkaar te schreeuwen en na afloop nog een halfuurtje te blijven liggen in verband met flauwvalgevaar. Ik heb even uitgerekend hoeveel naalden ik al in mijn lijf heb gehad (zesendertig) en hoeveel ik er nog ga krijgen (tien). Kanker is niet mijn ding. Net voor de afgelopen chemo kreeg ik nog een sms'je van een vriendin die de vorige keer was mee geweest: 'Ola Sannie, iets harder gillen als de naald erin gaat, kan de buurt ook meegenieten.' Niet aardig, wel waar.

Pillen. Misschien is dit het laatste taboe dat ik hier ga doorbreken maar ik heb tien keer liever een zetpil in mijn bips dan dat ik één pil slik. Ik gruw van pillen. Ik kan ook maar één pil tegelijk slikken omdat ik anders bang ben dat de andere pil in mijn mond een geheel eigen leven gaat leiden en dus niet doorgeslikt gaat worden maar ergens blijft zwerven. In mijn geval moet ik tien (!) pillen per dag slikken, vijf 's morgens en vijf 's avonds. Daar doe ik vrij lang over. Want na één pil moet ik eerst even aan iets anders denken anders is mijn keel nog op zijn hoede en gaat op slot. Ik zweer het je, mijn keel weet wanneer er bij een slok drinken een pil meekomt of niet. Pillen slikken wordt een nog gecompliceerdere onderneming omdat ik ze iedere keer met een ander smaakje vocht naar binnen werk. Allemaal bedoeld om mijn zintuiglijke weerstand om de tuin te leiden. Onnodig te zeggen dat ik dit deel van kanker dus op z'n minst onprettig vind.

Crème. Ik geef toe, op het eerste gezicht niet echt iets om bang voor te zijn en dat ben ik ook niet. Maar ervan houden? Nou nee. Ik was vroeger zo'n kind dat op het strand in een T-shirt met lange mouwen liep en zwom omdat ik weigerde me in te smeren. Er zat niks anders op dan of derdegraads brandwonden oplopen of voor schut lopen in een T-shirt. Mijn moeder koos voor het laatste en daarom heb ik nog steeds geen verkering. En borstkanker in plaats van huidkanker. Maar nu droogt mijn huid uit. Door de chemopillen. De huid op mijn handen en voeten wordt rood, voelt verbrand en laat vervolgens los. Volgens het boekje helpt het als ik er crème op doe. Liters dikke vette hele onwelriekende crème. Ik heb een hekel aan crème op mijn handen en voeten en ik heb een hekel aan kanker.

Maar, omdat ik in mijn nieuwe happy mood ben met dank aan de psych, wil ik het liever hebben over de voordelen want die zijn er ook.

Van kanker, is algemeen bekend, word je kaal. Althans, van

de chemo die tegen de meeste kankers wordt gegeven. Bij deze daarom eindelijk het antwoord op de vraag uit de categorie Vragen Die Je Nooit Hebt Durven Stellen: je wordt overal kaal dus ook van onder en dan heb ik het niet alleen over onder de oksels of je onderbenen. Kaal zijn brengt diverse voordelen met zich mee. Ik noem er een paar:

Geen bad hair days meer. Heel lang niet meer scheren, nergens! Brazilian wax is pijnlijk maar in mijn geval dus ook volslagen overbodig. Je ziet eindelijk eens hoe je eruitziet zonder haar, overal, zonder de gebruikelijke jeuk erna. Als je haar weer gaat groeien, kan je werkelijk alle kapsels uitproberen die je maar wilt. Voor zover je dat al niet met pruiken hebt gedaan. Je houdt geld over omdat je niet meer naar de kapper hoeft en dat geld heb je hard nodig in verband met het welbekende 'troostshoppen' of het kopen van dure crèmes voor op je handen en voeten. Sjaaltjes zijn hip en hiermee heb je een excuus om er heel veel te kopen. Iedereen staat voor je op, in de bus, bar of tram want je ziet er kaal echt wel ziek uit.

Je krijgt veel aandacht in de kroeg en hoewel dat eerlijk gezegd niet de aandacht is die ik graag krijg, is in tijden van schaarste elke vorm van aandacht mooi meegenomen.

Al met al, over het algemeen is kaal zo slecht nog niet. Waar ik nu alleen een beetje mee zit, is dat ik al wist hoe ik er kaal uitzag. Ik wist ook al dat kort haar, halflang haar met chemokrullen, halflang zonder krullen en gewoon lang me ook allemaal staat. Maar dat ik het lange haar toch het leukst vond staan. Die wetenschap en het besef dat het dus precies drie jaar duurt voor het weer zo lang is, maakt me niet vrolijk. Ik vraag me af hoe duur hair extensions zijn?

Maar ik ben er nog niet met de voordelen. Je krijgt veel dingen gratis. Hoewel ik minder gratis krijg als ik mijn pruik op heb dan zonder. Dan weet ik direct dat het niet aan mijn stralende aanwezigheid ligt dat de drankjes 'van het huis zijn', de soep niet op de rekening staat en de biefstuk gratis 'omdat ijzer goed voor je is' volgens mijn slager. Het leven is niet alleen goedkoop maar heel soms ook goed als je chemo krijgt. Groot voordeel is natuurlijk dat je veel cadeaus en aandacht krijgt. Onder cadeaus vallen ook kaarten, bloemen, boeken, cd's en wat al niet meer. Nog nooit was het openen van mijn brievenbus zo leuk. Een kaartje maakt me weliswaar niet beter maar het helpt wel. Net als alle lieve buren, vrienden, vage bekenden, vrienden van vage bekenden die me bellen of sms'en, die zeggen dat ze aan me denken, kaarsjes branden of aanbieden iets voor me te doen. Het helpt. Als Paris Hilton geen aandacht meer krijgt omdat de media haar een beetje moe zijn, kan ze het beste een paar chemokuren nemen. Aandacht in overvloed gegarandeerd. En je valt er over het algemeen nog van af ook. Twee vliegen in één klap voor Paris. Sonja Bakker kan wel inpakken.

Ten slotte zijn er de voordelen die eigenlijk geen voordelen zijn maar die ik zelf bedacht heb. Zo gebruik ik eindelijk mijn champagneglazen om het spoelen met zoutwateroplossing (toch maar aan begonnen voor de noodzakelijke mondhygiëne) wat feestelijker te maken. Ik heb voor iedereen die voor me komt zorgen een soort van goodie *bag* gemaakt met een kaartje erbij. 'Elke chemo is een feest als jij bent langs geweest.' Therapeutisch knutselen noemen ze dat ook wel eens. Ik kijk uit naar dat ene weekend in de drie weken dat ik me goed genoeg voel om zowel uit eten te gaan als de kroeg in te duiken. Ik geniet zoveel meer als het mooi weer is of als het regent. Ik erger me niet meer als ik in de file sta. Ik heb toch tijd genoeg.

Ik hoop dat ik al deze voordelen kan blijven zien. De leuke dingen vol kan houden en kan blijven genieten met nog vier chemokuren te gaan. Vier keer drie weken afzien en toch doorgaan. Nog vier weken tien pillen op een dag slikken, nog vier keer bloedprikken, even zoveel keer door de port-a-cath geprikt worden, nog een kleine vier weken depressief, niks proeven en dus ook niks lekker vinden. In totaal vier weken om drie kilo lichter te worden en vervolgens die kilo's er weer een beetje bij eten. Tien weken diarree. Naar schatting ook nog maanden een loopneus en waterige ogen. Als ik klaar ben met alle chemokuren nog zes maanden moe, moe en nog eens moe. Met dagen waarin ik niet voldoende energie heb om me in één ruk te douchen, aan te kleden en op te maken. Niet in staat ben om zelf naar de supermarkt te gaan of te hardlopen. Als eerste aftaaien op een kroegavond. Zorgvuldig met de aanwezige energie omgaan omdat ik spontaan van een normale hoeveelheid energie naar minder dan niks kan gaan. Nog minstens acht lange maanden voordat ik de pruik met goed fatsoen nooit meer op hoef. En dan? Ben ik dan voor altijd beter?

43

Ik heb ooit een aflevering van *Villa Felderhof* gezien waarin Frédérique Huydts werd geïnterviewd toen ze genezen dacht te zijn van kanker. In bijna alles wat ze zei kon ik me goed vinden. Het is namelijk niet zo dat je opeens herboren bent als je genezen bent van kanker. Dat je alleen maar goede dingen wilt doen. Of een soort van openbaring krijgt en iedereen spontaan lief en aardig vindt. Het leven gaat gewoon door. Ook na kanker. Ik ben daar wel blij om. Ik ben blij dat ik me nog steeds kan ergeren als ik in de file sta. Ik geniet als ik door de stad fiets, druk bellend om alle irritante toeristen van mijn fietspad af te krijgen. Ik vind het ook fijn dat ik me nog steeds enorm opwind over de kleinste dingen en daar dan een boze brief over schrijf. Want dat hoort bij het leven, in ieder geval bij mijn leven. Sommige mensen begrijpen dat niet. Beginnen over iets dat hun dwarszit of is overkomen maar gaan dan niet verder. 'Ach, wat zeur ik, wat jou is overkomen is veel erger.' Maar ik word graag overstelpt met andermans ellende want dan weet ik in ieder geval weer even dat ik niet de enige ben die het kut voor elkaar heeft. Ik ben gek op andermans problemen omdat het me afleidt van de ellende waar ik zelf in zit. Maar ook omdat ik vind dat wat iemand ook dwarszit, het de moeite waard is om erover te klagen, zeiken of treuren. Ook tegen mij, vooral tegen mij.

Een jaar na de uitzending van *Villa Felderhof* was Frédérique er niet meer. Er kan een hoop gebeuren in een jaar. Sinds ik weer ziek ben en duidelijk te veel tijd heb om over dit soort dingen na te denken, denk ik aan alle dingen die ik mis. Omdat mijn leven een beetje stilstaat nu en dat van de mensen om mij heen doorgaat. Maar vandaag wil ik zo niet denken, vandaag wil ik me voorstellen dat het allemaal heel goed uit gaat komen, deze pauze in mijn leven. Misschien besluit er iemand het komende jaar te verhuizen en komt dat huis, of liever nog woonboot, als ik net klaar ben met mijn chemokuur, op de markt. Omdat ik toch tijd in overvloed heb, ben ik er als eerste bij en word ik zo de trotse eigenaar van een woonboot in de Amstel. Voor weinig geld uiteraard. Verder zou het heel goed kunnen dat er op mijn werk nu plannen gemaakt worden voor een waanzinnig leuk project. Dat daar iemand op moet komen vanaf april, niet direct fulltime maar op den duur wel. En laat dat nu net goed uitkomen voor mij.

Mijn aankomende verkering, die ik nog niet heb ontmoet omdat hij op dit moment helaas al een vriendin heeft, begint binnenkort aan zijn relatie te twijfelen om het vervolgens nog voor oud en nieuw uit te maken. Gewoon, omdat hij niks meer heeft met vrouwen met lang haar en twee borsten. Dus dan komt het goed uit dat ik hem volgend jaar tegenkom.

Zo zou het zomaar eens kunnen lopen.

44

Vroeger, toen ik studeerde, hadden we een rijmpje dat we soms eindeloos opdreunden. Meestal op lamlendige brakke zondagmiddagen waarin we werkelijk niks anders te doen hadden dan ons vervelen. Het rijmpje gaat over een konijn en ik, die heel dikke vrienden zijn. Zulke dikke vrienden dat de een niet zonder de ander op vakantie wil. 'Ik hoef niet op vakantie konijn wordt toch niet bruin.' Die vriendschap wil ik met mijn chemo ook sluiten. De chemo moet mijn konijn worden.

Ik probeer me dus neer te leggen bij de komende chemokuren. Ik heb er al drie op zitten dus echt terug kan ik toch niet meer. Hoe graag ik dat diep in mijn hart ook nog steeds wil. Maar tot nu toe gaat het lichamelijk gezien nog goed. Ik ben nog steeds lekker aan het werk, sta op maandagavond op het hockeyveld, heb zelfs nog een paar keer hardgelopen en de dag na mijn derde chemo heb ik de rest van de dag met Marjon op ons bootje gevaren. Het is dat het weer niet meewerkte maar anders had ik nog steeds rondgevaren. Ik ga uit eten, ga naar de kroeg, heb wederom gehuild maar dan van het lachen bij een optreden van Javier Guzman en doe wat ik altijd doe. Heel veel leuke dingen. Ik voel me een groot gedeelte van de tijd blij.

Mijn pruik en ik worden steeds betere vrienden. Of moet ik zeggen, de pruik wordt me steeds meer eigen. Ik heb er *highlights* in laten zetten en hem al twee keer laten knippen. Het lijkt wel alsof ik nu vaker bij de kapper zit dan toen ik wel haar had. Alhoewel ik niet in levenden lijve bij de kapper zit. Beide keren heb ik mijn pruik door een vriendinnetje bij de kapper laten afgeven, daar een nachtje laten logeren en hem de volgende dag weer kant en klaar teruggekregen. Los haar is zo gek nog niet. Eén keer heb ik een poging gedaan de pruik te wassen en dat was eens maar nooit weer. Ik had zo'n ontzettende medelij met mijzelf en dat komt niet heel vaak voor. Daar stond ik, onder de douche met mijn natte, volledig in de klit geraakte pruik tussen mijn benen. Shampoo in mijn ene hand, douchekop in de andere. Haar wassen als het niet vast op je hoofd zit, is geen sinecure. Na het wassen heb ik 'm een halfuur laten badderen in een teiltje met haarverzachter met zijdeglans en daarna ben ik nog ruim een uur bezig geweest om het ding te ontklitten. Na afloop was ik bang dat ik er zoveel haren uit had getrokken dat mijn pruik net zo kaal als ik was. Ik durfde hem vervolgens niet meer te föhnen en was daarom gedoemd binnen te blijven tot de pruik uit zichzelf droog was. Dat gaat een stuk langzamer dan echt haar. Om het voor mijzelf makkelijk te maken heb ik die dag besloten hem nooit maar dan ook nooit meer zelf te wassen en hem gewoon naar een kapper te brengen. Wassen en föhnen alstublieft.

45

Wat kan er veel gebeuren in één week. Met dank aan mijn psych sta ik er geestelijk nog lekker voor, maar mijn lichaam lijkt in een neerwaartse spiraal te zitten. De aftakeling is in volle vaart begonnen en lijkt niet te stoppen. Dat komt mijn motivatie niet ten goede. Misschien was ik wel te naïef om te denken dat de bijwerkingen van de chemo die beschreven worden en me verteld zijn, niet op mij van toepassing zijn. Bijwerkingen zijn de 'konijnen die ik niet uit de hoed had zien komen', zou mijn collega Judith zeggen. Ik word er iedere keer weer door verrast en dan niet op een leuke manier. Kon ik mij een paar weken geleden niks voorstellen bij hand- en voettrauma, nu weet ik wel beter.

De aftakeling begon niet echt op het juiste moment alhoewel ik mij afvraag of er ooit een goed moment voor is. Net toen ik dacht dat de derde kuur volledig probleemloos aan mij voorbijging en ik hoop kreeg voor de laatste drie, begon het. Met zere voeten, met name aan de zijkant. Ik dacht eerst dat het aan mij lag, dat ik me aanstelde, anders liep of dat ik mijn nieuwe zwarte laarzen toch te krap had gekocht. Ik dacht in de winkel al dat 38,5 te klein voor me was maar de verkoper verzekerde me dat het niet zo was en dat ik echt een maat 38,5 was in plaats van een 39. Na drie dagen op mijn tenen te hebben gelopen omdat de rest van mijn voeten zo'n pijn deed, kreeg ik ook last van mijn handen en vingertoppen. Vergelijk het met het gevoel alsof je een emmer heel heet water over je handen hebt gekregen. Dat gevoel, maar dan niet over mijn hele hand maar op specifieke plekken zoals de zijkant van mijn hand en de zij- en onderkant van mijn voeten. Mijn huid ziet er roodverbrand uit en voelt ook zo. Het verpest mijn hele humeur. Ik was er niet op voorbereid dat er nog een bijwerking bij zou komen in week drie van kuur drie. Voor mijn gevoel had ik in de opbouwfase moeten zitten. In plaats daarvan haakt er weer iets in mijn lichaam af. Met tegenzin ga ik uit eten met vriendinnen, mijn laarzen zitten niet lekker en het vel om mijn handen ook niet. Mijn pruik prikt op mijn hoofd maar ik wil hem niet afdoen. Tranen branden achter mijn ogen maar ik doe alsof ik ze niet voel, speel mooi weer, wil het niet weer over mijzelf hebben. In plaats daarvan voer ik met ongeveer iedereen aan tafel onredelijke discussies, zoek ik ruzie, alles om mijn frustratie uit te leven. Als ik als eerste naar huis ga, is het me in ieder geval gelukt mijn vrienden in hetzelfde schijthumeur te krijgen als ik zelf ben.

46

Na de vierde kuur zijn de gevolgen van de chemo steeds duidelijker en langer aanwezig. Het hand-en-voettrauma is grillig. Het komt en gaat maar is over het algemeen goed uit te houden. Ik maak mijzelf wijs dat het komt omdat ik de vieze ziekenhuiscrème heb ingeruild voor een fijne, lekker ruikende, luxe crème van Aveda. Een aanrader. Het verbrande gevoel heeft een paar weken aangehouden, toen is mijn huid gaan vervellen en nu zien mijn handen eruit alsof ik een halve dag in het zwembad heb gelegen. Rimpels *all over*. Het ziet er niet uit maar ik raak gewend aan het gevoel. Sinds de vierde chemo heb ik ook het genoegen om ijshandschoenen te dragen. Dat zijn heel grote handschoenen die voor gebruik uren in de vriezer hebben gelegen. De eerste tien minuten voelt het dan ook niet echt lekker, alsof je je handen in een bak met ijsklonten duwt. Daarna is alle gevoel uit je handen verdwenen en merk je er niks meer van. De handschoenen schijnen te helpen tegen het uitvallen van mijn nagels en ontstoken nagelriemen. Ik geloof het. Mijn nagels hebben er nog nooit zo gesoigneerd uitgezien.

Mijn ongenoegen over het hand- en voettrauma heeft plaatsgemaakt voor een ander, veel groter ongenoegen. De eerste tekenen van De Overgang kondigen zich aan. Nu was ik na de eerste chemokuur al niet meer ongesteld geworden maar ik dacht, wederom, dat het wel mee zou vallen. Maar de opvliegers zijn gearriveerd samen met gewrichtspijn en wat al niet meer. Als ik 's morgens opsta kom ik met moeite op gang en strompel wat rond, alsof ik een oud dametje ben op zoek naar haar rollator. Ik verbijt de pijn in gezelschap, ik sta op uit een stoel als altijd, blijf nog even staan om iets te zeggen maar dat is om tijd te winnen. Ik concentreer me op mijn bewegingen. Het ergste zijn de opvliegers. Ik moet 's nachts in mijn grote tweepersoonsbed van kant verwisselen omdat ik zo heb liggen zweten en dat is dan de enige keer dat ik blij ben dat er niemand naast me ligt. Ik voel me vies. De vlammen slaan me zo'n tien keer per dag uit, komen op als een spontane koortsaanval en maken dat ik even niet meer aanwezig of geconcentreerd ben. Ik ben bang dat iedereen het ziet of, nog erger, ruikt. Maar niemand zegt er iets van. Het gesprek aan de bar of de vergadering, alles gaat gewoon door. Alsof ik geen rood hoofd heb gehad, geen waterval van zweet langs mijn rug heb voelen lopen en gedurende vijf minuten vijfenveertig graden koorts heb gehad. Dit kan niet goed voor me zijn.

Verder is het één week af, twee weken op. Ik voel me de eerste week na de chemo intens moe, kom dan amper mijn bed uit (drie dagen in joggingbroek op de bank of bed zonder te douchen is mijn record) en die dagen heb ik echt iemand nodig die voor me zorgt. Als ik tijdens die week moet kiezen tussen eten of in bed blijven, kies ik voor het laatste.

Maar ik probeer te kijken naar de winst. Heb een persoonlijke overwinning te pakken. Kreeg ik het tijdens de vorige drie chemokuren spontaan benauwd en de inmiddels gebruikelijke tranen in mijn ogen als ik meer dan een dag vooruit keek, nu heb ik daar al veel minder moeite mee. Ik bel in de week voorafgaand aan de chemo zelfs een aantal van mijn closeste vrienden om ze voor kook- en logeersessies in te plannen. Ik moet nog steeds een drempel over maar ik doe het. Ik kijk vooruit, plan, organiseer en vraag. Het is duidelijk, hulp vragen is niet mijn sterkste punt. Het staat op een gedeelde eerste plaats, samen met het nemen van beslissingen. Ook al vraag ik hulp aan mijn beste vrienden en ouders en zus, het blijft een bevestiging van het feit dat ik iets niet zelf kan, een paar dagen mijn zelfstandigheid moet opgeven. Het voelt niet goed. Ik probeer er zoveel aan te doen om kanker mijn leven niet te laten beïnvloeden en tegelijkertijd zijn er zoveel momenten dat ik wel om hulp moet vragen. Het zijn de kleine, doodnormale dingen die niet meer vanzelf gaan. Boodschappen doen. Koken. Goed voor mezelf zorgen. Nog afgezien van het feit dat ik de twee weken dat ik mijn chemopillen moet slikken, niks proef en daarom niet gemotiveerd ben om uitgebreid te koken, red ik het conditioneel ook niet meer. Mijn conditie en weerstand gaan hard achteruit. Als ik samen met vrienden een nieuwe bank heb opgehaald en die door hen naar boven wordt getild, ben ik na twee trappen buiten adem. Nog een keer de trap op en neer gaat niet meer lukken, dus ik beperk me maar tot het geven van aanwijzingen.

Ondanks dat ik op vriendschappelijkere voet met de chemo sta dan in het begin, ben ik er nog steeds niet blij mee. Een understatement. Ik wil ervan af, er klaar mee zijn. Ik ben ongeduldig of liever gezegd, ik word steeds ongeduldiger. Het eind van de behandelingen is in zicht. Maar het eind van mijn werkende en enigszins normale leven van afspraken en volle agenda is ook in zicht. Dat moment wil ik voor zijn. Ik vraag me af of het zin heeft toch nog even met de oncoloog in onderhandeling te gaan om van zes kuren gewoon vier te maken zodat ik nu klaar ben en verder kan gaan met mijn leven zoals ik dat wil. Het kan geen kwaad er even een telefoontje aan te wagen.

47

Amerika is een fantastisch land. Ik ken geen land ter wereld waar in zeven dagen een volledig nieuw huis, inclusief tuin met jacuzzi en themakamers voor de kinderen, wordt gebouwd. Waar je na een halfuurtje op de stoel bij Dr Phil van al je relatieproblemen en tien kilo af bent. Of waar Ugly Betty's in Hot Babes worden getransformeerd in slechts zes weken. Neuscorrectie, facings op de tanden, boob- of buttjob en het betere nip tuck werk. Alles kan en na een paar weken sluiten de verbouwde dames in kwestie hun geliefden onder luid applaus weer in de armen. Dat sommige mannen op de verkeerde vrouw aflopen omdat ze allemaal op elkaar lijken, is een detail dat er niet zoveel toe doet. Ik wil dat ook.

Mijn voornemen om de chemokuur in te korten is mislukt. Mijn oncoloog lachte mij vriendelijk en beleefd uit, toen ik hem erover belde. 'Volgende keer ben ik op vakantie en omdat je toch nergens last van hebt, kunnen we de controle wel een keer overslaan' waren zijn meest opwekkende woorden. Dat nergens last van klopt trouwens in mijn ogen niet. Ik heb van heel veel dingen 'last' maar blijkbaar niet genoeg om de kuur van zes naar vier keer terug te schroeven. Ik heb met name last van mijn ongeduld, mijn haast om weer te leven in plaats van te overleven, weer iets op te bouwen, verder te gaan en de controle over mijn leven terug te krijgen. Nu het einde van de behandelingen in zicht is, wordt mijn ongeduld steeds groter. Maar mijn oncoloog geeft niet thuis, gaat zelfs op vakantie dus ik besluit om maar eens iemand anders lastig te gaan vallen. Ik stort me op mijn borstreconstructie. Ik heb voor mezelf al een planning bedacht. Vijf weken na mijn laatste chemokuur ben ik voldoende opgeknapt voor een operatie. Dat was ik vorige keer namelijk ook, dus dat moet nu ook wel lukken. Als ik dan eind februari geopereerd wordt, ben ik tegen de tijd dat 'rokjesdag' aanbreekt weer op de been. Mijn oorspronkelijke plan om links te reconstrueren en rechts met een cupje extra meer leven in te blazen, heb ik herzien. Nu ik heb ervaren hoe weinig het missen van de linkerborst mij doet, hoe makkelijk de amputatie-operatie mij afging en hoeveel verdriet het missen van mijn lymfklieren en de daaropvolgende chemo me deed, heb ik besloten dat ik die ellende nooit meer wil meemaken. Ik wil geen chemo meer, nooit meer en ik wil wat ik nog heb aan lymfklieren behouden. Mijn rechterborst moet dus ook het veld ruimen, er zit niks anders op. Ik zie mijzelf niet tot in lengte der dagen maandelijks rechts controleren. Dat is niet goed voor mijn bloeddruk. Ik heb dit al besproken met mijn oncoloog. Ook al is er medisch gezien geen reden voor een preventieve operatie, hij snapt dat het tussen de oren ietsje anders werkt. Niet gehinderd door enige chirurgische kennis behalve dan wat ik bij *E.R.* oppik, wil ik op rechts een huid sparende amputatie inclusief reconstructie en tegelijkertijd links een reconstructie met als eindresultaat twee nieuwe borsten, volle cup-B. Na het zien van alle extreme make-overs lijken mijn wensen me niet al te onmogelijk. Dan ben ik tegen de zomer klaar om mijn meest sexy en dure topje te dragen. Dat hangt inmiddels al twee jaar in de kast en kan ik alleen maar aan zonder beha. Dat komt goed uit want na de reconstructies heb ik die de rest van mijn leven niet meer nodig. Alleen voor de versiering dan.

48

Tijdens mijn gesprek met de plastisch chirurg kom ik er al snel achter dat het in Nederland toch wat anders werkt. Welkom in de wondere wereld van *nipple sharing*, tepel *banking*, *back flaps*, tissue *expanders* en wachtlijsten.

Naakt, op kekke kanten *knickers* na dan, want je weet maar nooit of de plastisch chirurg van het AVL een uitwisselingsprogramma met McSteamy heeft, sta ik voor de vrouwelijke plastisch chirurg. Ze knijpt in mijn rug, buik en dijen. Het voelt een beetje alsof ik gekeurd word en dat is ook zo. Ze kijkt of ik ergens op mijn lijf voldoende vet heb dat ze kan gebruiken voor de reconstructie. Omdat mijn wens op het gebied van cupformaat niet al te extreem is, is het mogelijk ofwel de gehele reconstructie met eigen lichaamsvet te doen ofwel met gedeeltelijk eigen vet en een prothese. Ik weet niet waarom, maar in het ziekenhuis hebben ze het steevast over inwendige prothese als ze silicone bedoelen. Prothese klinkt een stuk minder sexy dan silicone. Silicone is Pamela Anderson en prothese is Catherine Keyl. Mijn voorkeur het silicone te noemen, spreekt voor zich.

Het vullen met eigen lichaamsvet is volgens mijn chirurg een probleem. Bij mij althans want in mijn omgeving kan ik zo een Top Tien maken van mensen die spontaan het vet uit hun billen, buik, dijen of *under-arm-dingeldengel* aanbieden. Helaas, hoe graag ik ook wil rondlopen met borsten gemaakt van de bips van mijn zus, het zit er niet in. Het vet moet uit mijn eigen lijf komen. En daar zit niet veel meer in. Gelukkig is mijn plastisch chirurg een vrouw en vrouwen onder elkaar zijn altijd uitermate kritisch. Na lang speuren, ziet ze toch wel een mogelijkheid om vet uit mijn dijen te halen. Dat had ik zelf natuurlijk ook al gezien! Zet de vetafzuigmachine daar maar op en dan heb ik binnenkort niet alleen twee pronte borsten maar ook killer *thighs*.

Na de inspectie is het tijd om mijn plan aan haar voor te leggen. Links reconstructie, rechts huid sparend, alles zo spoedig mogelijk na de chemo, sexy topje, klaar in de zomer. Ze kijkt me onbewogen aan. 'In het AVL hanteren we sinds kort de norm dat we op zijn vroegst zes maanden na de laatste chemokuur gaan opereren.' Mijn blonde hersens werken op volle toeren. Rekenen is nooit mijn sterkste kant geweest maar dit heb ik toch wel snel door. Zes maanden, dat komt niet overeen met mijn planning. Ze gaat verder: 'En voor een huid sparende operatie geldt momenteel een wachtlijst van minimaal een jaar.' Ik ben een beetje van mijn stuk gebracht. Heb opeens niet zo heel veel zin meer om dit gesprek voort te zetten en heb een beetje spijt dat ik hier alleen naartoe ben gegaan. Twee horen en vragen toch meer dan een. Zeker nu die ene persoon degene is die haar hele planning en onbezorgde zomer in duigen ziet vallen. Als het aan de chirurg ligt, ben ik over een kleine anderhalf jaar klaar. Omdat ik er niet ben met slechts één operatie. Eerst worden er tissue expanders geplaatst. Dit zijn een soort ballonnetjes die onder de huid komen en die op gezette tijden gevuld worden met een zoutwateroplossing. Op deze manier wordt de huid opgerekt zodat er genoeg vel is om een leuke B-cup te maken. Het spreekt voor zich dat de huid op links meer rek nodig heeft dan rechts. Deze tissue expanders moeten ongeveer vier maanden blijven zitten. Dat is best lang, denk ik bij mezelf. Ongeacht de wachtlijst van een jaar voor rechts raadt de arts mij aan om de reconstructie pas na de zomer te doen. 'Want die expanders zitten niet op dezelfde plek als waar normaal je borst zit, ze zitten hoger.' Ik zie opeens een soort van gebochelde voor me, maar dan met twee bochels aan de voorkant. Nee, dan beter wachten tot het tijd is voor dikke, zelfgebreide truien.

Als de tissue expanders groot genoeg zijn, volgt de tweede operatie. Het plaatsen van siliconen in beide borsten én op links als extraatje een spier (en hopelijk vet) uit mijn rug, de zogenaamde back flap operatie. Zo krijg ik er een mooi litteken op mijn rug bij. Ik mag zelf kiezen of het verticaal of overdwars komt, maar het is hoe dan ook zonde van mijn tatoeage. Dan wordt een rugspier met bloedvaatjes en al in mijn borst gezet. De optie om het op een wat onzichtbaardere plek uit mijn dijbeen te halen, heeft niet de voorkeur van de chirurg. Dit schijnt een nog zwaardere operatie te zijn omdat dan echt alles losgemaakt moet worden in plaats van omgelegd. Om ervoor te zorgen dat de siliconen niet tussen mijn ribben zakken zodra ik opsta, worden deze onder de borstspier geplaatst en daarvoor moet de borstspier losgesneden worden. Dit – hier was ik door verschillende mensen al voor gewaarschuwd – schijnt het pijnlijkste gedeelte te zijn. In het AVL willen ze liever geen watjes, dus als alles goed gaat, mag je na één dag alweer naar huis met aan beide zijden een drain voor het wondvocht. Het risico dat de silicone geïnfecteerd raakt en dus verwijderd moet worden, is aanwezig. Zeker omdat ik op links al bestraald ben en mijn huid en onderliggende bloedvaten dus niet meer optimaal zijn. Alsof al deze informatie al niet genoeg is om ervan af te zien, bespreken de chirurg en ik ook nog even het lot van de tepels. Linkertepel ligt uiteraard al bij het chemisch afval maar op de rechter zit nog een gezonde. Daarom komt deze in aanmerking voor nipple sharing. Hierbij wordt er van één tepel, twee tepels gemaakt. Ik geloof dat dat tijdens operatie drie gebeurt. Ik ben vergeten of de tepel wordt ingevroren en er later weer opgezet of dat ik hem/haar onderhuids in mijn lies moet bewaren. Tegen de tijd dat dit ter sprake kwam, zag ik al wat wit om de neus.

Zo zeker als ik was voordat ik naar het AVL ging, met al mijn mooie plannen, zo onzeker ben ik nu. Ik ben namelijk best tevreden over wat ik nu zie, het past bij me. De vraag is alleen hoe ik erover denk als ik klaar ben met de chemokuren. Want ik denk eerlijk gezegd dat ik hier nu geen objectief oordeel over heb. Chemo's doorkomen, niet bang zijn voor de toekomst en tegelijkertijd niet verworden tot iemand die constant loopt te klagen (en geloof me, dat gaat vrij gemakkelijk als je niet oppast) neemt op dit moment zo'n groot gedeelte van mijn 'zijn' in beslag dat er niet veel ruimte overblijft om zulke ingrijpende en pijnlijke operaties te overzien. Maar ik ben ongeduldig, ik wil deze periode afsluiten. Dat gaat in mijn ogen niet als ik nog tot volgend jaar zomer bezig ben met de reconstructie. Ik wil niet dat dit mijn leven, mijn familie en vrienden en mijn werk gaat beheersen. Dus als ik, na alle chemokuren weer bijgekomen en uitgerust ben, ik mijn haar, mijn werk en mijn leven weer heb, en er dan nog steeds vrede mee heb dat ik maar één borst heb, dan laat ik het gewoon lekker zo. Kanker heeft mijn leven al te lang overheerst, ik wil niet dat een operatie daar nog meer jaren aan toevoegt. Jammer voor het sexy topje maar dat zet ik dan wel op Marktplaats.

Omdat ik weliswaar kanker heb maar niet onnozel ben, heb ik me wel op de wachtlijst laten zetten. Het is nu eenmaal eenvoudiger om een parkeervergunning voor het centrum van Amsterdam te krijgen dan een borstreconstructie. Regeren is vooruitzien en niets veranderlijker dan ik. Daarnaast heb ik nog twee dingen die ik wil afstrepen voor ik beslis: een second opinion bij het Erasmus MC in Rotterdam én een test. Want ik kan zelf wel tevreden zijn over mijn looks, ik ben toch ook wel benieuwd wat andere mensen, met name mannen, ervan vinden. Daarom heb ik een snood plan bedacht. Er is een ex-lover die ik nog wel eens zie en die mij, zoals hij zelf ooit zo uiterst romantisch zei, 'zowel van buiten als van binnen kent'. Ik spreek hem niet vaak, hij staat emotioneel niet al te dicht bij me, maar hij heeft verstand van vrouwen en is eerlijk. Ik heb volgende week met hem afgesproken. We gaan meestal uit eten en dan blijft hij altijd slapen (handjes boven de dekens uiteraard). Hij weet alleen nog niet dat hij voor het slapen gaan een blik op mijn verdwenen borst moet werpen, al dan niet onder dwang. Ik ben benieuwd naar zijn reactie. Toch wel spannend.

49

Wie A zegt, moet ook B zeggen dus zit ik met het zweet onder mijn oksel (alleen rechts want links doet het qua zweten niet meer) in Gambrinus met ex Rein. Wat in eerste instantie zo'n briljant plan leek, lijkt dat nu niet meer. De reden om Rein te vragen naar mijn ex-borst te kijken, vind ik opeens niet meer zo'n goede reden om me zo kwetsbaar op te stellen.

Ik ben bang dat hij het maar raar vindt en me al voor het kijken uitlacht. Maar toch, als ik me ooit zonder gêne uit wil kleden voor een nieuwe potentiële verkering dan is dit stap een. Als ik nu niet durf, durf ik misschien nooit meer.

De biertjes staan net op tafel, de meeste ins en outs van de afgelopen kankermaanden heb ik verteld en die ene vraag brandt op mijn lippen. Het is nu of na de spareribs en ik kies voor nu. 'Zeg Rein, ik wil je wat vragen en als je niet wilt moet je dat ook eerlijk zeggen.'

Ik weet het niet zeker maar volgens mij ben ik rood tot achter mijn oren en dat komt dit keer niet door de pruik of de opvliegers. Rein kijkt me vrolijk aan, zich niet bewust van het belang van de vraag die ik hem ga stellen en de spanning over het antwoord. Ik had van tevoren bedacht hoe ik het zou gaan vragen maar daar komt niets van terecht. Ik gooi het eruit, ik vermoed dat er inmiddels rook uit mijn oren komt en tussen de woordenbrij door weet ik nog net uit te brengen 'wil je vanavond naar mijn ex-borst kijken?' Zo. Klaar. Het is gebeurd, ik heb het gevraagd, ik heb alleen nog geen antwoord. Ik realiseer me opeens dat ik zelf al misselijk word als iemand een sneetje in de vinger laat zien. Nu vraag ik zelf iemand om even naar een litteken van zo'n tien centimeter te kijken. Mensen gaan om minder van hun stokje.

Maar Rein reageert zoals ik had gehoopt. Sterker, het is meer dan ik had gehoopt. Want niet alleen wil hij wel kijken maar hij wil ook graag weten waarom ik dit zo graag wil. Dat vind ik een goede vraag. Ik wil het om verschillende redenen. Maar de belangrijkste is toch wel dat ik op deze manier nog vertrouwder hoop te worden met het feit dat ik maar één borst heb. Zodat de drempel om het ooit aan een tijdelijke of langdurige verkering te laten zien wat lager wordt. En ik ben ook gewoon benieuwd, benieuwd naar wat een vent er nu eigenlijk van vindt.

Ik geloof dat ik me op het moment suprême net even iets drukker maak over mijn buikje (heb ik wel ingehouden uiteraard) dan om het feit dat ik mijn ex-borst inclusief alle littekens ga laten zien. Het is niet eng. Niet voor mij en niet voor hem. Zomaar wat opmerkingen van zijn kant. 'San, eerlijk, ik dacht dat het er tien keer enger uit zou zien.' 'Het ziet er goed uit, eigenlijk zie je er niks van.' Dat is natuurlijk niet waar maar het is wel aardig bedoeld. 'Weet je wat jij moet doen? Dit weekend de kroeg ingaan en een leuke kerel mee naar huis sleuren, die borst is in ieder geval geen reden om dat te laten.' Dat zijn de betere opmerkingen! De kroeg en het sleuren sla ik nog even over maar tussen mijn ex-borst en mij komt het wel goed.

50

De meest gestelde vraag op dit moment is wel hoe het met me gaat. Op mijn werk, aan de telefoon, in de kroeg of gewoon op straat (buren, slager, fietsenmaker). Dat is natuurlijk alleen maar aardig bedoeld, dat weet ik ook wel. Ik weet alleen niet zo goed wat ik moet antwoorden.

De waarheid is namelijk dat het best goed gaat. Boven verwachting zelfs. Ik ben mijn vierde kuur soepel doorgekomen en sta aan de vooravond van de vijfde. Ik heb geen nachten of dagen boven een teiltje gehangen. Sterker, er is tot nu toe nog geen teiltje aan te pas gekomen. Mijn port-a-cath, met vijftig procent infectiegevaar, zit nog keurig op zijn plek, geen infectie en vooralsnog ook niet verbrijzeld omdat ik er een hockeybal op heb gekregen, daar was ik namelijk bang voor. En ja, ik hockey ook nog. Weliswaar maar een halfuurtje (of korter) en alleen als de wedstrijd de dag voor mijn chemo is want dan ben ik op mijn best. Ik doe alles op de fiets, neem op mijn werk de trap en probeer zo een beetje in conditie te blijven. Alle inspanningen ten spijt voel ik mijn spieren en spierkracht alleen maar afnemen. Een raar en soms zelfs pijnlijk gevoel. Dat het goed gaat wil natuurlijk niet zeggen dat ik minder opzie tegen de chemo. Dus als ik antwoord en zeg dat het eigenlijk heel goed met me gaat, haast ik me erachteraan te gooien dat dat dus niks uitmaakt. Dat 'ver over de helft zijn' niet betekent dat de volgende kuren makkelijker worden. Sterker nog, het wordt vast nog een graadje erger. Had ik voor kuur vier nog de dringende behoefte om een avond in de kroeg door te brengen en pas om twee uur 's ochtends Café Nol te verlaten, gisteren was ik na een etentje (in mijn straat, dus snel thuis) om tien uur wel klaar. Naar huis mijn bed in, dat leek me op dat moment het fijnst. Maar goed, ik ben over de helft. Daar moet ik blij mee zijn, zo lijkt het, want dat wordt door iedereen herhaaldelijk tegen me gezegd. 'Oh, wat fijn voor je, je bent al ver over de helft.' Dat klopt, en dat is ook fijn. Maar iedere marathonloper of duursporter zal het met me eens zijn dat het feit dat je over de helft bent, niet automatisch betekent dat het ook makkelijker gaat worden. Ik wil maar zeggen, de bananenschil ligt altijd op de laatste tree.

Ik blijf het lastig vinden al mijn nieuwe emoties te delen, erover te praten. Ik ben vaak bang dat mijn vrienden, door alles wat ik meemaak en wat ik hun vertel, me anders gaan zien of minder leuk gaan vinden. Ik was toch degene die je altijd kon bellen als er actie was, die altijd 'ja, leuk, ik doe mee' zei? Die nooit een feestje oversloeg? Vinden ze me nog wel gezellig genoeg om bevriend mee te zijn? En het is niet alleen dat. Ik weet op den duur ook niet meer hoe ik het moet doen, elke keer opnieuw mijn verhaal vertellen. Ik denk dat de meeste mensen het liefst willen horen dat het goed gaat en dat het goed gaat komen. Maar dat het goed gaat naar omstandigheden wil niet zeggen dat het ook goed gaat komen. Ik wil er zo graag van overtuigd zijn maar ik ben het niet. Ik heb mijn twijfels en onzekerheden, die ik niet uitspreek. Het is niet zeker dat mijn lymfklieren schoon zijn en het is niet zeker dat mijn kanker weg is en nooit meer terugkomt. Ik wil het soms wel van de daken schreeuwen. Leven met deze onzekerheid, het zwaard van Damocles, 24 uur per dag, 7 dagen per week boven je hoofd voelen bungelen. Maar als ik hier te lang over praat, komen vanzelf de dooddoeners boven tafel. 'Niks is zeker.' 'Ik kan ook morgen onder de tram komen.' Ze worden uitgesproken om de scherpte van mijn woorden te halen maar dat lukt niet echt. Want ik kan morgen ook nog steeds onder de tram komen, kanker maakt je daar niet immuun voor. Soms zou ik willen dat er iemand tegen me zegt: 'San, je hebt kanker en ik ben soms bang dat je doodgaat, ben jij dat ook?'

Het is soms zo makkelijk om iedereen om de tuin te leiden. De omgeving van een kankerpatiënt is net zo sterk als de patiënt zelf. Geluk bij een ongeluk is dat ik ervan houd in het middelpunt van de belangstelling te staan. Of het nu op een podium in de Casablanca is of op de bar, mijn favoriete plek na drie uur 's nachts, het is mij om het even. Het doet me meestal wel goed. Ik denk dat ik daarom de niet aflatende stroom van vragen en aandacht aankan. Maar toch kan ik het missen als kiespijn. Of als een tumor. Ik heb geen zin meer om iedere keer mijn verhaal te doen. Mijn wereld wordt daarom wat aan de kleine kant. Ik beperk mijn uitstapjes tot uitjes met vrienden die overal al van op de hoogte zijn. Ik ga zoals altijd met Sabien of Soof uit drinken, HJ haakt in, ik haak af. Zaterdag of zondag doe ik thee met iemand anders. Het is niet veel maar voor mij voelt het vertrouwd. Ik doe dit soort dingen veel liever met goede bekenden dan dat ik buiten mijn oude vertrouwde cirkel kijk. Zodat ik niet continu hoef te vertellen hoe het met me gaat, hoeveel chemo's ik nog moet, nee, geen medicijnen daarna, ja wel een operatie gehad, eraf ja, en inderdaad, leuk dat je het zegt, ik zie er goed uit. Naar omstandigheden dan, maar dat wordt er niet bij gezegd. Elke keer dezelfde vragen en elke keer dezelfde antwoorden. Terwijl ik juist wil weten wat er nog meer gebeurt, hoe het met hen is bijvoorbeeld. Ik wil alles van ze weten zodat ik het niet continu over mijzelf hoef te hebben. Daarom ontwijk ik ze, de vrienden die ik al lang niet meer heb gesproken. Bel ik ze niet spontaan op, ontwijk ik die kennis op straat. Want zomaar even bellen zonder het over mijn ziekte te hebben, lijkt onmogelijk.

Mijn zus heeft er overigens ook last van. Ook aan haar worden alleen maar dezelfde vragen gesteld. Over mij. Nooit eens over haar. Dat is ook kut hoor.

51

Nog twee te gaan. Kuur vier was *easy*, de nieuwe shift vriendinnen die voor me kwam zorgen en die ik had voorbereid op kotsbakjes en suïcidale neigingen van mijn kant en het geven van heel veel TLC (*tender, love and care*) van hun kant, bood zich spontaan aan voor ondersteuning tijdens kuur vijf. Zo gezellig en relaxed hadden ze het gehad, zonder man en kinderen. Het uitslapen was een zegen, het doornemen van alle gezellige roddelbladen ook en dat ik zo nu en dan even in slaap viel, kon hún pret bij het kijken van *Shrek 2* in ieder geval niet drukken.

Ondanks alle gezelligheid zie ik weer op tegen kuur vijf. Omdat chemo grillig is en je nooit weet hoe het uitpakt. Omdat ik me nu, het weekend voor kuur vijf nog steeds niet helemaal goed voel. Half Nederland heeft griep en dan moet je als chemoklant óf thuisblijven óf met een monddoekje voor gaan lopen, wil je niet ook op z'n minst verkouden worden. Thuisblijven is niet mijn sterkste kant en dus zit mijn hoofd vol snot en mijn voorhoofd bonkt. Dit is niet de ideale start voor een chemokuur. Ik hoop maar dat mijn bloedwaardes zich niks van mijn verkoudheid en extreem drukke afgelopen week gaan aantrekken. Want morgen wordt er weer bloed geprikt en als dat niet goed zit, wordt de chemo uitgesteld. Controlfreak als ik ben, is dat nu net wat ik niet van plan ben. Aanstaande dinsdag kuur vijf en over drie weken de laatste, die datum staat al met dikke vette letters in mijn agenda. Echt, degene die me deze kuur door de snotneus gaat boren, moet van goeden huize komen.

Maar omdat ik niet helemaal zeker van mijn zaak ben, heb ik een soort van afleidingsmanoeuvre voor mijn witte bloedlichaampjes bedacht. Vóór het bloedprikken ga ik naar Chi Kung. Chi Kung is het nieuwe yoga, pilates en tai chi in één. Het is hip, vergeleken bij Chi Kung is Kabbala, inclusief Madonna, echt ontzettend 2007. Het spreekt voor zich dat ik, trendsetter als ik ben, mij vol overgave op deze intens slome sport heb gestort. Chi Kung komt uit China en gaat ervan uit dat interne energie (Chi) essentieel is in ieders leven. Chi Kung betekent letterlijk interne energieoefening. Volgens Chi Kung is ieder mens een veld van energie, zowel geestelijk als lichamelijk. Dat weet ik nu, maar wat het precies inhield kon me, toen ik ermee begon, geen barst schelen. Het simpele (wetenschappelijk bewezen) feit dat je met een uurtje Chi Kung 1.52 miljoen extra rode bloedlichaampjes per milliliter produceert, trok mij over de streep. Die heb ik namelijk hard nodig. Inmiddels sta ik twee keer per week met mede ex-borstkankermeisjes heel langzaam te bewegen. Rapen we denkbeeldige stokjes op van de grond, bewegen een denkbeeldige ballon voor ons, zitten we daar ook op en walsen we met een denkbeeldige danspartner door de ruimte. Eindelijk een danspartner! De oefeningen zijn zo simpel dat ik ze, ook als ik net de chemo in mijn lijf heb, zittend of soms zelfs liggend kan doen. Het ziet er niet uit, maar *who cares?* Ik heb het gevoel dat Chi Kung mij helpt om meer in balans te komen en zowel rust als energie te krijgen. Sterker, ik denk dat ik door deze oefeningen misschien wel voorgoed beter ga worden. Ik heb alleen sinds mijn gesprek met de plastisch chirurg van het AVL een klein probleempje waardoor ik me soms niet zo goed kan concentreren op alle oefeningen. Al borrelend met vrienden Pascal en HJ leg ik hun mijn probleem voor. Ik heb namelijk een probleem met de borsten van mijn mede Chi Kungers. En wel in die zin dat ik, nu ik zo aan het nadenken ben over een reconstructie of niet, zeer benieuwd ben naar de borsten van mijn lotgenoten. Ik wéét dat ze bijna allemaal borstkanker hebben gehad. Ik vermoed dat de meesten ook een amputatie hebben gehad maar ik weet niet of ze echte of nepborsten hebben. Hoe ga ik daar nu eens subtiel achter komen? Ik leg mijn vraag aan mijn vriendjes voor. Pascal heeft dé oplossing, een T-shirt met de tekst: 'Hee trien, laat me je tieten zien!' Ha, daarom houd ik zoveel van mijn vrienden, ze maken me altijd aan het lachen, subtiel of niet.

Als ik na het eten bij Oriental Palace, het überkitscherige Chinese bootrestaurant bij het Centraal Station van Amsterdam, dat tot mijn grote schaamte op de lijst 'Dingen Die Je Ooit In Je Leven Gedaan Moet Hebben' van HJ en Pascal staat, naar huis fiets, realiseer ik me dat de tijd die ik nu ik ziek ben en met mijn vrienden en familie doorbreng me zoveel brengt. Het lijkt wel of ik duizend keer meer geniet van alles wat ik doe. Gewoon, omdat het niet meer zo gewoon en vanzelfsprekend is. De gesprekken tijdens de chemo's twee uur lang, etentjes bij mij thuis, mijn nichtjes ophalen van school voor een lunch, die ene avond in de kroeg, het theater of de film, het is allemaal zó waardevol voor me en ik geniet met volle teugen. Het is kwaliteit in plaats van kwantiteit.

Vanavond, na een perfecte week en een nog perfectere dag, de avond voor mijn vijfde chemokuur, besef ik met een lichte schok nog iets anders. Dit wordt de eerste chemokuur die ik helemaal voor mijzelf doe. Niet voor mijn ouders, mijn zus of mijn vrienden: allemaal mensen van wie ik zielsveel houd en die ik niet wil teleurstellen. Nee, dit keer en de volgende keer doe ik puur voor mijzelf. Omdat ik het wil en omdat ik opeens weer weet hoe leuk het leven kan zijn. Ik ben vet ver over de helft en dat voelt fijn, heel fijn. Ik besluit om mijn homeopathische pillen niet meer te nemen. Ze zijn bedoeld om de chemo zo snel mogelijk mijn lichaam uit te krijgen en dat wil ik niet meer. Het heeft lang geduurd maar ik wil er weer voor gaan, honderd procent en met mijn hele lijf. Ik weet waarom ik die pillen ooit wilde maar ik heb ze niet meer nodig. Ik hoop dat het nog niet te laat is om de chemo te omarmen.

52

Ik loop hard. Niet alleen als ik de marathon van New York loop, maar altijd. Ik loop snel door de stad, loop snel over de golfbaan (negen holes in een uur is een record) en ik ben snel over mijn vorige tumor heen gelopen. Ook mijn verkeringen lopen hard. Meestal ervandoor.

Toen ik drie jaar geleden een halfjaar na mijn laatste bestraling de halve marathon van Amsterdam wilde lopen, zei Marlies dat ze banger was dat ik 'm wel uit zou lopen dan dat ik 'm niet uit zou lopen. Want naast dat ik hard loop en leef, weet ik niet goed wanneer ik moet stoppen. Of wanneer ik over mijn grenzen ga.

Hard door het leven gaan heeft volgens mij zo zijn voordelen. Maar met chemo of kanker werkt het niet. Hardlopers zijn doodlopers zegt het spreekwoord en ik denk dat dat wel een beetje klopt. Het heeft mijn lijf in ieder geval niet veel goed gedaan, al dat snelle. Want twee keer een tumor krijgen, is niet oké. En hoe graag ik het ook wil, de tijd tussen de chemo's gaat niet sneller. Ik moet elke keer geduldig de drie weken tussen de chemokuren uitzitten. Heb dat ook braaf gedaan. Alleen nu, na de vijfde kuur, word ik steeds ongeduldiger en wil ik sneller dan ik eigenlijk kan. Want het einde is in zicht en dat einde kan me niet snel genoeg komen. De meeste mensen die ik spreek, vinden dat het toch weer heel snel is gegaan. Ik vind dat niet, ik vind het nog steeds heel lang. Misschien komt het omdat ik weet dat het na de chemokuren nog niet voorbij is. Dan begint het pas.

Wellicht omdat ik eindelijk doorhad dat ik deze laatste twee chemokuren echt alleen maar voor mijzelf deed, was chemo vijf een eitje. Ik geloof niet dat ik de andere keren zo gemotiveerd was als nu. De homeopathische pillen, voorgeschreven door een erkend natuurgenezerachtig persoon, die ik een beetje tegen het advies van mijn oncoloog slikte, heb ik deze keer laten staan. Ze zitten vol antioxidanten en zijn bedoeld om de chemo met spoed mijn lichaam uit te krijgen. Hoewel me dat in het begin het meest wenselijke leek, wil ik nu de chemo zo lang mogelijk haar werk laten doen. Het maximale eruit halen. Ik heb geen spijt dat ik ze geslikt heb. Ik heb de dosering gehalveerd en voor mijn gevoel hebben ze geholpen om me iets minder slecht te voelen. Maar nu ik nog maar één keer hoef, laat ik ze voor de zekerheid toch achterwege en zet ik alles op alles.

's Nachts lig ik wakker. Want dat het einde in zicht is, betekent ook dat ik weer iets meer ruimte in mijn hoofd krijg. Om na te denken over hoe het hierna verder moet. Mijn gedachten zijn dan vaak niet de allervrolijkste, alhoewel ik er ook niet gestrest of verdrietig van word. Maar ik denk wel vaak aan hoe het zou zijn om dood te gaan. Hoe ik zou reageren als het bij de eerstvolgende controle niet goed blijkt te zijn. Dat er dan een tumor in mijn botten zit of zo. Want daar ben ik het bangst voor, dat er 'iets' in mijn botten zit. Ik denk dat dat komt omdat er helemaal in het begin, toen ik alle testen had doorlopen, er een vlekje zat op de botscan van mijn rechterscheenbeen. De oncoloog dacht dat het niks was, zei letterlijk dat hij 'nog nooit had meegemaakt dat borstkanker zich van de linkerborst naar het rechterscheenbeen had uitgezaaid' maar voor de zekerheid moest ik toch een nieuwe scan laten maken. Mijn moeder sliep wederom twee nachten niet en ik maakte me zoals gewoonlijk nergens zorgen om, sliep als een dolle. De uitslag kwam snel en was gelukkig goed en verder heb ik er niet over nagedacht of er vragen over gesteld. Maar sinds ik weet waarom ik deze kuur doe, begrijp en voel ik opeens de angst van mijn mamsje. Want als daar ook een tumor had gezeten, was mijn levensverwachting heel anders geweest.

Op een of andere manier voel ik nu opeens iets in mijn rechterscheenbeen. Soms zit het links. Het kan ook iets in mijn nek zijn. Het maakt eigenlijk niet uit waar het zit maar bij elk pijntje vraag ik me af wat het zou kunnen zijn. Als ik soms om halfdrie nog wakker lig, neem ik een inslapertje. Een slaappilletje dus met een ietwat morbide en bedenkelijke naam. Ik slik ze omdat ik anders de hele nacht ligt te bedenken hoe ik het mijn ouders, zus, vrienden, iedereen moet vertellen als ik ooit te horen krijg dat ze de kanker in mijn lichaam ondanks alles toch niet hebben weten te stoppen. Ik praat hierover met mijn psycholoog. Zij weet me enigszins gerust te stellen. Over dit soort praktische dingen nadenken of piekeren, betekent gelukkig niet dat het mijn voorland is. Dat ik intuïtief nog meer ellende voel aankomen. Het is volgens haar meer een manier om controle te houden. Controle door praktische zaken zoals slechtnieuwsgesprekken en het regelen van een begrafenis aan te pakken en mijzelf alvast voor te bereiden. Een soort van fictief draaiboek maken. Persoonlijk maak ik liever een draaiboek voor mijn bruiloft. Dat is ook zwaar fictief in verband met een chronisch gebrek aan verkering.

53

Het is feest! Om de zesde en laatste kuur te vieren, heb ik een paar vriendinnen uitgenodigd voor Happy Hour in het OLVG. Eigenlijk zijn het Happy Two Hours want zo lang lig ik aan het infuus. Ik heb koek en kleffe cake meegenomen en tegen tienen zit de stemming er goed in. Vriendinnen komen binnen, cake, koffie erbij en veel geklets. Paulien mailt later dat we dit eigenlijk veel vaker moeten doen. Nu ben ik zeker vóór gezelligheid maar om er alleen daarvoor nog een paar chemo's aan vast te plakken gaat zelfs mij te ver.

Net zoals deze laatste chemo trouwens. Want het mag dan wel de laatste zijn, het effect is er niet minder om. De depressieve buien zijn, dankzij het advies om rust, rust en nog eens rust te nemen, grotendeels verdwenen. Het feit dat dit de laatste kuur is, speelt vast ook een rol in dat ik minder neerslachtig ben. Maar de moeheid zit overal en uit zich vierentwintig uur per dag, zeven dagen per week. Het is niet eenvoudig om uit te leggen hoe ik me precies voel. Moe is niet het juiste woord. Het is het complete gemis van energie en je weet pas hoe dat voelt als je het niet meer hebt. Vergelijk het maar met het niet hebben van geld. Of liefde. Als je er genoeg van hebt, merk je nauwelijks dat het minder wordt. Maar als je bijna geen geld of liefde meer over hebt, merk je pas het gemis. Ik heb geen energie maar verbruik het wel. Om te eten, te lopen, te fietsen of zelfs om een telefoongesprek te voeren. Alles kost energie en daar heb ik maar zo weinig van.

Na de vijfde kuur heb ik een uitdraai van het ziekenhuis meegekregen. Van biologie heb ik geen verstand en ik heb dus geen idee wat alles precies betekent, maar zelfs een oen weet dat het niet goed is als alle cijfers die op mijn lichamelijke conditie slaan ver onder het gemiddelde liggen. Mijn lijf is op. Sinds kuur vijf slaap ik met een mutsje op anders heb ik het te koud. Ik snap echt niet hoe al die kale mannen het toch doen of hebben die ook een muts op 's avonds? Ook overdag zit ik vaak te rillen op de bank, met de verwarming op drieëntwintig graden (ik weet het, slecht voor het milieu en voor mijn bankrekening maar het voelt goed voor mijn lijfje) en een dekbed over me heen. Mijn nagels doen pijn en op een paar nagels zitten rode strepen alsof ze tussen de deur hebben gezeten. Ik vrees voor het leven van drie van mijn teennagels. Ik denk niet dat die de lente gaan halen en dat is dan weer jammer voor mijn leuke open muiltjes. Mijn voeten zijn rood en opgezwollen en volgens de bijsluiter van mijn chemopillen, moet ik als dit optreedt direct met de pillen stoppen. Maar dat doe ik niet, ik ben nu zo ver gekomen, deze laatste twee weken houd ik ook nog wel vol. Ik vermoed overigens dat ik zelfs hand- en voettrauma op mijn oor heb!

Als mensen me vragen wat ik zoal de hele dag doe, zou ik het niet weten, maar ik heb het gevoel dat de dagen voorbijvliegen. Ik sta rond tien of elf uur op en vanaf een uur of vier zijn Oprah en Dr. Phil mijn vaste vrienden. Tussendoor doe ik waarschijnlijk wel iets maar veel is het niet. Ik stel mijzelf ten doel om minstens één ding per dag te doen. Dat ding varieert van het doen van de afwas (minst favoriet) tot theedrinken met vrienden bij café Gambrinus (meest favoriet). Ik heb werkelijk geen greintje energie of kracht meer over. De twee trappen naar mijn huis kom ik amper op en terwijl ik normaal gesproken de maandag na mijn kuur even bij een vriendin langsfiets (dat is dan vaak weer de eerste dag dat ik buiten kom) moet ik dat deze keer afbellen. Ook de belofte een paar dagen later langs te komen, kan ik niet waarmaken, en ook de rest van de week lukt het me niet. Het lijkt wel alsof mijn lichaam weet dat dit de laatste kuur is en zich daarom niet hoeft op te laden voor de volgende. Drie weken later overheerst de moeheid nog steeds. De zesde chemo doet zijn werk en ik doe waar ik goed in ben, ik geef niet op. Ik overleef deze zesde kuur wel en daarna ook mijn ouders om later als ik over de 80 ben, lekker met mijn zus in bejaardentehuis Het Laatste Zuchtje te macrameeën en bingoën.

54

Vandaag heb ik toch weer een kortstondig traantje gelaten. En vervolgens van mijn zus op mijn kop gekregen omdat ik me niet moet aanstellen. Het is mij duidelijk, sommige voordelen van ziek zijn (iedereen is aardig voor je) houden snel op zodra het beter gaat. En het gaat beter met me. Alleen niet goed genoeg. Ben nu op de kop af twee weken klaar met mijn pillen en ik had het goede voornemen om weer een stukje hard te lopen. Ter voorbereiding op de marathon van New York 2009. Omdat ik ook wel snap dat ik na zes chemokuren niet direct met tien kilometer moet beginnen, wil ik het langzaam opbouwen. Rondje Scheldestraat, Amstelkade, Maasstraat en weer terug. Dat is om precies te zijn 590 meter, ik heb het nagekeken op internet. Ik heb vandaag geprobeerd die 590 meter te rennen en ik moet me over de denkbeeldige finish slepen! Halverwege voelen mijn spieren volledig verzuurd aan. Het lijkt alsof ik in plaats van twee benen twee betonblokken meezeul. Dat én de gedachte dat ik ruim een jaar geleden nog fris en fruitig 42 kilometer liep, frustreert me dermate dat ik erom moet huilen. Ik bel mijn allerliefste zus maar die heeft geen medelij met me. Zegt dat ik niet helemaal lekker ben om te verwachten dat ik binnen een maand na mijn chemo weer prima in staat zou zijn om te rennen. Dat had ik misschien ook niet verwacht maar wel heel erg gehoopt.

Nu is 'hoop' de laatste tijd sowieso het meest gebruikte woord in mijn vocabulaire. Het is in de plaats gekomen van 'zeker weten'. Net zoals 'vertrouwen' vervangen is door 'angst'. Dat klinkt niet leuk en dat is het ook niet. Maar het is wel wat ik, op dit moment, voel. Ik hoop dat ik snel weer vertrouwen krijg maar zeker weten doe ik het niet. Want drie jaar geleden wist ik zoveel dingen zeker. Ik wist zeker dat kanker krijgen niet bij mij hoorde en het daarom een eenmalige actie was. Ik was er ook zeker van dat ik zoveel chemo en bestralingen in mijn lijf had dat ik de komende vijf of tien jaar kankervrij zou zijn. Ik ging zonder spanning lachend naar elke controle. Ik wist dat als ik, tegen alle verwachtingen in na tien jaar weer kanker zou krijgen, ze vast een veel leuker en nog beter medicijn tegen kanker zouden hebben dan chemo. En misschien wel het belangrijkste: ik was ervan overtuigd dat ik helemaal beter was, geen spoor van twijfel. Daarnaast vond ik dat ik na dit drama wel iets heel erg leuks had verdiend. Ik had recht op een groot cadeau, iets positiefs, bij voorkeur in de vorm van een leuke vent, maar bij gebrek daaraan had het van mij ook een woonboot mogen zijn. Ik weet niet wie er in de kosmos van de afdeling 'cadeaus na groot persoonlijk leed' is maar als ik hem/haar was, zou ik heel snel een andere baan zoeken want hij/zij bakt er bijzonder weinig van. Naast het mislopen van mijn cadeau bleken ook al mijn overtuigingen of 'zeker wetens' niet waar te zijn. Integendeel zelfs. Het is daarom volgens mij niet zo raar dat ik overtuiging en vertrouwen mis en dat daar angst voor in de plaats is gekomen. Angst die ik niet de hele dag voel maar wel als ik vooruitkijk. Als ik in bed lig. Of soms gewoon in de auto. Angst die zich laat vertalen in het feit dat ik mijn overgebleven rechterborst sinds ik op links geopereerd ben niet meer heb aangeraakt. Ik ook liever niet meer op mijn rechterzij slaap, bang iets hards te voelen als ik erop lig. Want ik ben zó bang dat daar nu iets zit. Dat de chemo bijvoorbeeld niet is aangeslagen. Of dat het de goede chemo was voor wat in mijn lymfen zat maar niet voor wat er nu nog steeds in mijn rechterborst zit. Dus ik ontwijk het gebied onder de douche en lig er in bed zo min mogelijk op omdat ik bang ben iets te voelen dat ik niet wil voelen. Mijn angst beperkt zich niet tot mijn borst maar heeft betrekking op mijn hele lichaam. Pijn in mijn scheenbeen, nek of een steek in mijn zij? Angst.

Deze gevoelens maken het moeilijk eerlijk antwoord te geven op de vraag: 'Ben je nu helemaal beter?' of: 'Heeft de chemo geholpen?' Ik weet wat het wenselijkste antwoord is maar ik heb niet altijd zin het wenselijkste antwoord te geven. De waarheid is ook dat ik het niet weet. Ik weet niet of ik beter ben. Ik weet niet of de chemo is aangeslagen. Ik hoop het, ik hoop het uit het diepst van mijn hart, maar zeker weten? Nee, zeker weten doe ik het niet en zo voelt het ook niet. Ik weet dat iedereen van me wil horen dat ik er alle vertrouwen in heb dat nu alles goed komt. Dat ik nog heel lang en gezond en gelukkig blijf leven. Geloof me, ik zou niks liever willen. Maar hoewel ik tegen iedereen kan zeggen dat alles nu goed is en dat ik zeker weet dat ik nu écht beter ben, tegen mijzelf kan ik niet liegen. Want ik heb er weinig vertrouwen in. Ik hoop natuurlijk dat ik beter ben maar zo zeker als ik drie jaar geleden was, ben ik niet meer. Gelukkig vallen al deze gevoelens van angst en onzekerheid een groot gedeelte van de tijd in het niet bij dat andere overheersende gevoel. Het gevoel van er weer te zijn, het krijgen van energie en weten dat aan deze kuur in ieder geval een eind is gekomen. Want het zit er echt op! Zes rottige chemokuren heb ik gehad en ik ben er nog. Haarloos, borstloos en besluiteloos, maar dat laatste was ik altijd al. Vanaf nu gaat het grote opbouwen beginnen. Voor mij begint dat, naast de sneue hardlooppoging, met een fietstochtje naar Backstage om daar nepwimpers te laten opplakken. Ik heb wel lang genoeg tegen mijn mascaraloze ogen aangekeken en vind dat het tijd is voor een kleine beautyboost. En wat voor een! De nepwimpers zijn niet van echt te onderscheiden en ik zie er in één oogopslag minder ziek uit. Het mooie is dat ze er drie dagen later nog steeds op zitten. Moet je natuurlijk niet je gezicht willen wassen. Dit kan ik iedereen zonder wimpers en met acht euro op zak (want zo goedkoop is het) aanraden. Ik heb voor de laatste keer nephaar aangeschaft. Een hoofdband met haar eraan, op internet gevonden, gebeld, besteld en voor het eerst sinds maanden ben ik eindelijk weer het blondje dat ik was, heel fijn. Artificial intelligence door middel van een rossige pruik is toch niet mijn ding. De haarbandpruik is helemaal fijn omdat het vandaag zo koud is dat een muts geen overbodige luxe is. En een pruik én een muts over elkaar moet je niet willen. Ik plan leuke dingen, verzamel energie en doe het. Morgen is er weer een dag om moe te zijn.

Volgende week moet ik voor het eerst weer langs mijn chirurg. Ik neem me voor om alle vragen die ik heb op te schrijven. Maar ik neem me vooral voor dat ik geen testen of controles wil voor ik op vakantie ben geweest. Want mijn ouders, de liefste van de hele wereld mag ik wel zeggen, hebben mij (en zichzelf) getrakteerd op een lange vakantie naar Hawaï! Uitrusten, bijkomen, bruin worden (gaat lekker snel dankzij de chemo) en een surfleraar scoren. Ik wil van mijn chirurg alleen maar leuke dingen horen, dingen die me geruststellen in plaats van bang of verdrietig maken. Ik wil daar niet aan kansen, operaties, reconstructies en chemo's denken. Ik wil onbezorgd genieten van het feit dat ik weer kan leven in plaats van overleven. Ik ben niet meer de oude Sandra, maar vandaag ben ik wel beter. Elke dag dat ik vanaf nu gezond wakker word, is een cadeautje. Nog veel meer dan dat ik een verkering cadeau wil als compensatie voor, nou ja, alles, hoop ik dat ik dit cadeau nog heel lang mag houden.

55

Ik ben geen hypochonder maar er zijn bepaalde programma's die ik in deze staat van zijn, amper een paar maanden na mijn chemo, beter niet kan kijken. *Je zult het maar hebben* is zo'n programma. Maar ik zapte er gisteren toch langs en ben blijven hangen. Bij alles wat voorbijkwam, dacht ik 'dat heb ik ook' of 'je zal zien dat ik dat nog niet heb maar dat ik het nog wel krijg'. Het waren dan ook echt allemaal heel erg vervelende ziektes. Zo was er een meisje dat altijd pijn had. Het was begonnen met een gevoelloze teen en nu was ze een soort van wandelende pijnbom. Nu heb ik sinds een paar maanden ook een gevoelloze teen dus ik zag mijn geest al dwalen. Ze zat inmiddels in een rolstoel, lijkt me echt helemaal niks, en had overal, maar met name in haar benen, pijn. Wat een ellende moet dat zijn. Je benen niet kunnen gebruiken maar er wel last van hebben!

Daarna was er een meisje van dertig en die was altijd buiten adem, zelfs als ze sliep denk ik. Het had met de zuurstoftoevoer naar haar longen te maken waardoor ze op goede dagen nog net 100 meter kon lopen zonder uitgeput neer te vallen. Deze goede dagen waren echter meer uitzondering dan regel. Meestal kon ze amper haar bed uit komen wegens zwaar zuurstoftekort. Aangezien dit mij, Dr Snotje, een typisch geval van aangeboren ziekte leek, durfde ik het aan om het item af te kijken. Maar wat bleek, tot mijn grote schrik, ze had deze aandoening pas sinds drie jaar! Niks aangeboren, gewoon op een slechte dag wakker geworden met haar laatste restje zuurstof. Dit kan iedereen overkomen dus waarom mij niet? Ik weet inmiddels dat het niet zo geregeld is dat als je ooit iets naars hebt meegemaakt je de rest van je leven al het leed wordt bespaard. Was het maar zo. Ooit heb ik een nare brief naar *Het Parool* gestuurd omdat ik vond dat hun columniste Karin Spaink zo liep te zeuren over een bepaald onderwerp. Het onderwerp was orgaandonatie, daar was ze op tegen. Ook al sloot ze niet uit dat ze zelf ooit gebruik zou maken van orgaandonatie, die van haar kregen ze lekker niet. Bij de gratie gods wilde ze aan een bekende nog wel haar nier afstaan maar dan moest het wel een hele leuke bekende zijn. Zoiets. Hypocriet ding, dacht ik, lekker egoïstisch. En aangezien ik toch voldoende tijd omhanden had en boos was op bijna iedereen, schreef ik een brief. Mijn brief sloot ik af met de opmerking dat ze misschien eens moest proberen iets vaker te lachen want ze leek me niet echt het zonnetje in huis. Niet literair verantwoord of plaatsing in *Het Parool* waardig maar ik had in ieder geval even mijn hart gelucht. Mijn zus moest lachen toen ze over mijn brief hoorde. 'Logisch dat ze geen zonnetje in huis is, ze zit al in een rolstoel wegens MS en nu heeft ze ook nog eens borstkanker. Sommige mensen kijken om minder pech chagrijnig.'

Behalve dat mijn opmerking dus niet zo aardig was, bewijst het ook maar eens dat menselijk leed niet eerlijk wordt verdeeld. Het overkomt niet iedereen, sommige mensen krijgen gewoon dubbel zoveel op hun bordje. Mijn grootste angst is dat mij nu ook weer iets naars gaat overkomen. Dat ik mijn portie nog niet gehad heb en ik iedere minuut van de dag de kans loop ontzettend nat te gaan.

Het gaat niet alleen om het ongeluk dat mij gaat treffen, het kan ook gaan om de mensen die ik liefheb. Ik ben niet bang dat ik onder een auto kom maar ik sta soms doodsangsten uit als mijn zus oversteekt. Straks komt er een auto om de bocht, rijdt haar aan en dan is ze dood. Ik ben bang als mijn nichtjes buiten spelen. Wat als ze uit het klimrek vallen en hun nek breken? Of ontvoerd worden? Ook voor het leven van mijn vrienden vrees ik. Er kan zoveel misgaan, zoveel gebeuren. Als mijn ouders 's avonds wegrijden op weg naar huis, ben ik bang dat de auto uit de bocht vliegt en ze allebei op slag dood zijn. Vliegtuigen met vrienden op vakantie storten neer, kinderen verdrinken en zo kan ik nog wel even doorgaan. Rampscenario's, de een na de ander. Ik weet het, als ik er realistisch naar kijk, is de kans dat er iets gebeurt klein.

Maar dat was de kans dat ik voor de tweede keer kanker zou krijgen ook, dus ik laat me niks meer op de mouw spelden. *Lightning never strikes twice*, het is niet waar.

Ik heb het erover met mijn psych. Ze zegt dat het komt doordat ik bang ben om de controle te verliezen, bang dat er dingen gebeuren die ik zelf niet in de hand heb. Het klopt wel wat ze zegt. Zolang ik zelf achter het stuur zit, is er niks aan de hand. Sterker, dan rij ik soms expres heel erg hard, om te voelen dat ik nog leef. Zodra ik echter bij iemand anders instap, is mijn angst weer terug. Zit ik elke bocht uit met gekromde tenen. Alle rampen die zich in mijn hoofd afspelen zijn niet te voorkomen. Althans, niet door mij of de persoon die ze treft. Er is altijd een ander in het spel die de ramp veroorzaakt. Ik had dit gevoel ook toen er een goede vriend van me was overleden, Hij werd vermoord, het leven uit hem geblazen, met één schot, zo bruut, zo plotseling maar vooral zo ongelofelijk. Niemand had ooit gedacht dat een vriend van ons vermoord kon worden. Dat overkwam alleen andere mensen, uit een ander milieu. Dat gebeurde niet bij normale, werkende, gezellige, sociale, lieve mensen. Dat iemand doodgaat, hoort bij het leven. Dat iemand vermoord wordt niet. Ik had er niet de juiste emoties voor. Toen had ik ook het gevoel de controle te verliezen. Als zoiets kan gebeuren, wie geeft me dan de garantie dat al het andere, waarvan je nooit had verwacht dat het zou gebeuren, nooit plaatsvindt? Ik weet dat dit gevoel zal slijten. Alles slijt op den duur. Tot er weer iets gebeurt, onverwacht, dat hard en meedogenloos inbreuk pleegt op mijn leven en mijn gevoel van veiligheid genadeloos onderuithaalt.

56

Het voelt fijn. Om hier in de brede vensterbank van mijn raam te zitten. Hier heb ik tenminste niet het gevoel dat ik helemaal alleen ben. Net wel op mijn slaapkamer. Dit is een van die zeldzame nachten dat ik wakker lig in mijn bed met zoveel donkere gedachten waar ik verdrietig of bang van word. Zo erg dat ik er niet van kan slapen en alleen maar lig te huilen. Zo ken ik mezelf niet en ik sta het ook niet toe. Huilen doe ik gewoon liever niet zonder duidelijk aanwijsbare reden. Dat kanker best een legitieme reden is, gaat er bij mij niet in. Ik vind het een zwaktebod van mezelf. In dit soort nachten ga ik altijd uit bed om in mijn raam in de woonkamer te zitten en naar buiten te kijken. Het is fijn om te zien dat ik niet alleen ben. In Amsterdam is er altijd wel iemand wakker. De tram rijdt en de avondwinkel is nog open. Het is dus nog geen één uur. In het huis tegenover mij, op drie hoog, zitten twee mannen. Ik weet niet wie ze zijn of wat ze doen. Het lijkt alsof er nog een derde persoon aanwezig is maar die kan ik niet goed zien. Praten ze, kijken ze tv, zijn het vrienden? De avondwinkel heeft nog klanten, er rijden verdomd veel auto's door de Scheldestraat en mijn M&M's zijn op.

God, wat een kutnacht. Weer een tram, nu leeg. Maar er zijn mensen. Het naar buiten kijken en signaleren wat er gebeurt, leidt me af van mijn eigen leven. Ik kijk naar de levens van andere mensen. Als ik echt zou willen, zou ik de eerste de beste persoon op straat aan kunnen klampen en mijn verhaal kunnen vertellen. Raar genoeg begint dat verhaal niet met mijn tumor maar met de avond dat ik in bed naar *Fight Club* keek.

Maar het gaat niet om de film, het gaat over vannacht, en alle avonden in de kroeg die nu verloren tijd lijken. Het gaat om mijn verloren leven. De mannen van drie hoog aan de overkant zitten er nog. Geen beweging. Ik houd ze in de gaten. Er staat een man voor de avondwinkel met een witte poedel. Pas als hij zich omdraait zie ik dat het een vrouw is en dat ze naar binnen gaat.

Er is één scène uit de film die me blijft achtervolgen.

De slapeloze kerel uit *Fight Club* gaat naar oud Amerikaans gebruik naar allerlei zelfhulpgroepen om maar iets te doen te hebben tijdens zijn slapeloze nachten. Bij de terminale kankerclub neemt een vrouw het woord. Ze begint normaal maar eindigt schreeuwend, *pathetic* zouden de Amerikanen zeggen, dat ze nog één keer seks wil. Harde seks, lieve seks, gewoon geile seks, ze wordt steeds explicieter en wanhopiger. De ellende druipt ervan af. Ze ziet eruit als een wandelend lijk. Uitgemergeld, aangevreten door de chemo en kanker. Kaal en mager, ze had net zo goed aids kunnen hebben als kanker. Wanhoop in combinatie met kanker is niet aantrekkelijk, het is afstotelijk. Enfin, als kijker weet je het al, de kans dat die nog seks gaat hebben voor ze doodgaat is vrij klein. En heel eerlijk gezegd, je gunt het haar ook niet echt. Ik denk dat het haar misschien ook niet zozeer om de seks gaat, ze wil gewoon niet meer eenzaam zijn.

Ik wil die vrouw niet zijn. Ik wil niet dat er in mijn overlijdensadvertentie alleen maar Sandra Koolmees, zus van Marleen, dochter van Jan en Annemieke Koolmees staat. Dat staat zo eenzaam. Alsof je eigenlijk vanaf je geboorte door niemand in het diepst van je zijn bent geraakt. Je zelf ook niemand hebt weten te raken, betoveren. Alsof je er eigenlijk niet bent geweest, alsof je er niet toe doet. Je ouders en je zus zijn een knullig excuus voor de reden van je bestaan. Je bent iemand waar niemand ooit voor uit zijn bed is gekomen, naar gekeken heeft omdat hij je de mooiste of leukste vrouw op aarde vindt. Daarom bel ik op een avond als deze ook niemand. Want mijn ouders en mijn zus waren al in mijn leven toen ik geboren werd en hadden geen andere keus dan van mij te houden. Vijfendertig jaar later is daar niemand bij gekomen. Dat is niet veel.

De avondwinkel sluit haar luiken, de tram is ermee gestopt. De kans dat ik nu een nuchter iemand op straat tref is nihil. Mijn tranen zijn op.

57

Soms voel ik me ik een tikje naïef, noem het blond. Op dat soort momenten ontvouwt zich in mijn hoofd een droomscript. Dat script zit in mijn hoofd en blijft daar helaas ook. Het script loopt zoals ik het heb bedacht. Zoals ik het wil. Tijdens evaluatiegesprekken, eerste dates, tweede, derde en vierde dates (langer lukt me meestal niet), zitten de meest briljante, gevatte, slimme en doordachte opmerkingen in mijn hoofd maar mijn mond weigert ze uit te spreken. Met als gevolg dat een gesprek niet loopt zoals ik wil. Of hoop. Zo gaat het vandaag ook. Al sinds ik terug ben uit Hawaï word ik belaagd door vrienden, collega's en natuurlijk ook mijn zus en ouders. De vraag die op hun lippen brandt en die ze graag door mij beantwoord zien worden is: 'Wat nu?' Wat nu, nu ik 'beter' ben. Wat wordt het vervolgtraject, wanneer heb je je eerste controle, wat gaan ze controleren? 'Ik moet nog bellen voor een vervolgafspraak en dat ga ik deze week doen, beloofd!' Hetzelfde antwoord, al weken lang. Vandaag heb ik gebeld, want ik werd er zelf ook een beetje moe van. Iedere keer weer herhalen dat ik ging bellen en het dan toch niet doen. Voor mezelf heb ik besloten om gewoon pas na de zomer de controles weer op te starten. Als ik weer haar heb. Als ik in ieder geval een zomer heb gedaan en geleefd alsof ik normaal ben. Als ik er weer een beetje tegen kan. Met dat script, dat ik de wereld of in ieder geval het afsprakenbureau van het OLVG naar mijn hand kan zetten, heb ik gebeld.

Ik wil echt zeggen dat een afspraak op korte termijn me niet nodig of handig lijkt. Dat ik nog even rust nodig heb. Maar in plaats daarvan hoor ik mijzelf zeggen dat ik na mijn vakantie moest bellen voor een afspraak, niet precies weet waarvoor en voor ik het weet, geef ik mijn patiëntennummer. Ik zie het, hoor ik de verpleegster zeggen, je moet een afspraak maken voor een mammografie en een echo. O ja, daar ging het om. Daarom had ik zo'n weerzin om te bellen. Dat was ik dus blijkbaar bewust vergeten. Het ging niet om een gezellige bijkletsafspraak waarin ik zou vertellen over Hawaï en chirurg Borgstein even zou voelen en me dan blij naar huis zou sturen. Het was meer. Het ging om foto's, echo's. Ook van rechts want die kant hadden we in juli overgeslagen omdat links al genoeg werk opleverde. De grote controle in november hebben we in overleg maar helemaal geskipt want op links zat toch niks meer en ik was al druk genoeg met alle chemo's. Maar nu kom ik er blijkbaar niet meer onderuit. Ze heeft zelfs al volgende week donderdag een gaatje. Waar zijn de wachtlijsten als je ze nodig hebt? Het voelt alsof ik mijn doodvonnis teken met dit ene kuttige telefoontje. Zie je wel, denk ik bij mezelf, ik had niet moeten bellen. Ik wil helemaal geen foto of echo of wat dan ook. Terwijl het gesprek doorgaat, veeg ik een traan van mijn wang. En nog een.

Vervolgens is er geen houden meer aan. Ik huil geluidloos want ik heb nog steeds iemand aan de andere kant van de lijn die de ene optie na de andere opsomt. 24 april de foto's en drie weken later kan ik bij chirurg terecht. Of dat goed is. Ja. Nee. Toch maar wel. Ik begrijp niet waar de tranen vandaan komen. Ik ben er toch overheen? Ik ben toch sterker dan kanker? Dus waarom de tranen? Waarom de schok die door mijn hele lichaam gaat? Op mijn vraag of ik voor de vierentwintigste nog even telefonisch overleg kan hebben met mijn chirurg wordt afwijzend gereageerd. Waarom ik dat wil, is de wedervraag. Ik kan wel duizend redenen bedenken maar krijg het niet meer uitgesproken. Behalve dan dat ik gewoon even met hem wil praten. Van hem wil horen dat ik nog niet hoef te komen en dat er niks aan de hand is. Ik wil dat nu gewoon van hém horen en ik wil niet eerst nog foto's laten maken. Het voelt alsof het laten maken van de foto's het bewijs gaat worden van dat ik niet beter ben. Dit gevoel heb ik nooit eerder gehad. Alle controles na de eerste keer ging ik lachend in en kwam ik lachend uit. Tot de laatste keer. Daarna heeft de angst zich in mij genesteld, diep verstopt maar wel degelijk aanwezig, daar kom ik nu achter.

De verpleegster maakt het er in eerste instantie niet beter op. 'Tja,' zegt ze, 'Borgstein is altijd zeer precies en zal geen controle zonder reden willen. En iemand met uw verleden...'

Ik heb genoeg gehoord en barst nu luid en duidelijk in tranen uit, aan de telefoon, ongegeneerd en uiteindelijk met gewenst resultaat, want ik krijg wel mijn telefonische afspraak. Ik pers het nummer waarop ik te bereiken ben eruit, excuseer me en hang op. Ik tril over mijn hele lichaam. Zal mijn leven volgende week weer op het randje van de afgrond staan? Krijg ik volgende week slecht nieuws of krijg ik een nieuwe kanskaart? *Gefeliciteerd, u mag door naar de volgende ronde.* Ik weet het niet. Ik weet dat ik deze afspraak niet wil en nu weet ik ook waarom. Ik ben er gewoon nog niet klaar voor om weer slecht nieuws te krijgen.

58

De laatste tijd vraag ik me af wat het beste moment is om het te doen. 's Morgens of 's avonds? Doordeweeks of toch liever in het weekend? Ik weet dat ik het moet doen, ooit, maar of ik er klaar voor ben is na het dilemma van het perfecte tijdstip mijn tweede grote vraag. Ik denk dat er geen beste moment voor is. Want na lang peinzen kom ik erachter dat er altijd wel iets is. Om mijn borst, die rechter, niet te controleren. Hij zit er nog omdat ik A) met een operatie moet wachten tot ik voldoende hersteld ben en B) ik nog geen definitieve beslissing heb genomen over het lot van deze laatst overgeblevene. Dat ik regelmatig moet controleren, weet ik als geen ander. Maar dat het risico dat ik toch iets voel niet geheel te verwaarlozen is, weet ik ook. Het weekend valt daarom af. Zeker de vrijdagavond. Dat is werkelijk het aller-, allerslechtste keuzemoment. Want, in geval van een knobbel of wat voor raars dan ook, is er in het weekend meestal geen dokter in de zaal te vinden. Zeker niet in mijn slaapzaal. Dat betekent dus een weekend vol stress, tranen, onzekerheid en angst. Niet mijn favoriete weekendbesteding. 's Avonds voor het slapen gaan, valt ook automatisch af. Geen ziekenhuis is nog te bereiken na 16.00 en ik heb geen verkering die dokter is. Had ik maar verkering. Dan had ik het echt niet erg gevonden als hij geen dokter is. Blijft de ochtend over. Maar welke ochtend? Maandag niet, dan is het bij het ziekenhuis of de huisarts te druk met vrouwen die wél hun borsten in het weekend hebben gecontroleerd. Of die een andere ziekte het hele weekend hebben opgespaard. Maandag valt dus af. Dinsdag is een mogelijkheid ware het niet dat dat meestal mijn drukste dag is. Slecht nieuws bij de dokter betekent hoogstwaarschijnlijk de rest van de dag in het ziekenhuis omdat ze daar nog bezig zijn de patiënten van maandag te verwerken. Woensdag is 'moeders-met-kinderen-dag' en valt om begrijpelijke redenen dus ook af. En dat is niet omdat je mij niet chagrijniger krijgt dan met een wachtkamer vol kinderen met snotneuzen en tand-door-de-lip maar omdat kinderen altijd en dan ook echt altijd voorgaan. Dat is de regel in het ziekenhuis. Zo kwam ik eens op de eerste hulp aan met een naar mijn mening gebroken grote teen. Er waren vier wachtenden voor mij, geschatte wachttijd was 1 uur en 45 minuten als ik geluk had. Als ik de pech had dat er toevallig een kleuter voorbij zou komen met een knikker in zijn neus kon ik daar per kleuter of knikker een halfuur bij optellen. Donderdagochtend valt ook af want dat is de studiedag van mijn huisarts en dan is het alweer vrijdag! Vrijdagochtend is de beste ochtend zou je denken. Ik ben meestal vrij op vrijdag en heb dus alle tijd. Maar ook vrijdag gaat het niet worden. Stel, ik controleer vrijdagochtend mijn borst en stel, ik voel wat. Ik heb stress dus ik bel direct de huisarts voor een afspraak. Vanaf dit telefoontje kan werkelijk alles mis gaan waardoor vrijdagochtend opeens niet meer tot het beste moment om het te doen behoort. Misschien is de arts zelf wel ziek dus dan moet ik alsnog een weekend wachten. Er is een spoedgeval, haar agenda zit vol, er is een mazelen- of luizenepidemie uitgebroken op de nabije lagere school, het is griepprikkentijd, er is een tsunami, extra studiedag, congres, het zijn allemaal redenen om te zeggen: het is heel vervelend maar maandag bent u de eerste.

Dat wil ik niet. Als ik iets voel dan wil ik meteen de eerste zijn.

Dit is uiteraard mijn zelfbedachte rampenscenario. Dus controleer ik mijn borst niet. Natuurlijk weet ik ook wel dat het beter is om het wel geregeld te doen. Net zoals ik weet dat het beter is om niet te veel te drinken (alcohol), veel te drinken (water), spaarlampen te kopen, afval te scheiden en mijn fiets altijd op twee sloten te zetten. Ik weet dat het beter is maar dat wil nog niet zeggen dat ik het altijd doe. Of dat mijn leven er door dat te doen leuker op wordt. Maar het moet. Dit moet. Mijn eerste echte controle. Bestaande uit mammografie, echo en voelen.

59

Ik ben niet zenuwachtig. Maar als er een veer bestaat die meer gespannen is dan ik, dan wil ik die wel eens zien. Want gespannen ben ik wel. Ik denk achteraf dat ik al vrij lang gespannen was. Ik ben me er zo van bewust dat het leven volledig willekeurig om zich heen slaat als het op nare dingen aankomt. Nare dingen worden je niet bespaard omdat je al het een en ander voor je kiezen hebt gehad. Omdat jouw beurt nu wel is geweest. Drie keer hebben we, mijn vrienden en ik, beterschapfeestjes gegeven. Omdat we dachten dat iemand voorgoed beter was. Drie keer kwamen we bedrogen uit en was het feestje te vroeg. Was er iemand niet beter en werd het er ook niet beter op. Nare dingen komen nooit alleen, dat is wat ik denk. Daarom lijkt het me ook niet onmogelijk dat ik nu weer slecht nieuws krijg. Het besef dat ik vrijwillig (nou ja, onder lichte dwang van zus en overige familie) mijn hoofd op het hakblok leg, is vreemd. Zus en ik weten als geen ander dat dit bezoekje aan mijn chirurg mijn leven kan maken of breken. Dat hij met één simpel zinnetje mijn leven dat ik de afgelopen vijf maanden weer met zoveel pijn, moeite en de nodige sessies bij mijn psych heb opgebouwd, volledig op zijn kop kan zetten. Zodat ik nog verder van een normaal leven verwijderd ben dan ik ooit geweest ben. Maar het zo gevreesde zinnetje 'het is niet goed' komt dit keer niet. Het is goed, rechterborst, linkeroksel, rechteroksel, echo, mammografie, alles is schoon. Ik ben nog steeds beter!

Als we even later naar buiten lopen, zegt mijn zus dat dit nu net de reden is waarom het zo lastig is om antwoord te geven op de vraag hoe het met mij gaat. Afgezien van het feit dat ze soms geen zin heeft om er elke keer weer over te praten (ofwel om het wéér over haar zieke zus te hebben in plaats van over zichzelf) is er gewoon ook geen concreet antwoord te geven. Want hoe leg je uit dat het nu weliswaar goed met me gaat maar dat, als er ergens in mijn lijf een tumor terugkomt, mijn leven hooguit gerekt kan worden met twee tot vier jaar? Mijn chirurg vindt dat best lang maar begrijpt ook dat ik het niet met hem eens ben. Zonder te kijken voelde ik zus naast me verstijven toen Borgstein de waarheid zonder omhaal vertelde. Het antwoord op onze eigen vraag: Wat als de kanker niet weg is? Twee tot vier jaar, het staat in mijn geheugen gegrift. Hoe leg je uit dat het te hopen is dat, mocht er een tumor terugkomen, die dan bij voorkeur in mijn rechterborst zit omdat ze dan in ieder geval nog kunnen amputeren? Er wordt me aangeraden om nog even te wachten met een reconstructie omdat de eerste twee jaar cruciaal zijn en het niet prettig is om net klaar te zijn met reconstructies en dan vervolgens te ontdekken dat alle ellende en pijn voor niets is geweest omdat er toch uitzaaiingen zijn. Dat het bij uitzaaiingen in principe niet uitmaakt of ze er snel bij zijn omdat snelle ontdekking niet per definitie een betere behandeling tot gevolg heeft. Is dat wat mensen willen horen als ze vragen hoe het met mij gaat? Willen ze echt weten hoe ik me voel of hoe ik slaap, in de wetenschap dat ik in geval van uitzaaiingen nog twee tot vier jaar te leven heb?

Ik vind het in ieder geval verdomd lastig om met die gedachte om te gaan. Moet ik niet grootser en intenser leven? Pluk de dag, geniet, leef nu, niet morgen maar nu. Maar ik weet ook dat ik zo niet in elkaar zit. Toen ik de eerste keer kanker kreeg, heb ik me heel even afgevraagd wat ik zou doen als ik wist dat ik nog maar één jaar te leven had. Tot mijn eigen verbazing wilde ik niet op wereldreis of alle plekken bezoeken waar ik altijd al of nog eens naartoe had willen gaan. Ik wilde in dat geval gewoon thuisblijven, op de fiets door Amsterdam, misschien wat minder werken maar zeker niet stoppen en heel, heel veel tijd doorbrengen met al mijn familie en vrienden. Er is eigenlijk geen reden om daar vandaag niet mee te beginnen. Het is een mooie dag, zonder tumoren of andere nare dingen. Maar wel met *cheesecake* en mijn zus op het terras.

60

Een cadeautje, deze dag. Een dag waarop ik mij in tweeën zou willen delen zodat ik overal bij kan zijn. Ik wil er geen minuut van verspillen. Een dag die achtenveertig uur zou moeten duren zodat ik van alle leuke dingen kan genieten.

Cadeautjesdag begon als een gewone zaterdag. Maar dan wel een echte zomerzaterdag. Met een sloepenrace door de grachten waar ik langsfiets en even stilsta om te kijken. Met een temperatuur voor schoenen zonder sokken. Met een laaghangend zonnetje waardoor je eindelijk met goed fatsoen je zonnebril met grote glazen op kan zetten. En met voldoende vrienden die me op dit tijdstip al gebeld hebben.

Als ik op de fiets zit richting Dauphine voor een lunch met Wendy en Paulien bedenk ik me opeens dat ik niet meer weet wanneer ik voor het laatst aan mijn ziekte heb gedacht. Was het tien minuten geleden? Een halfuur? Of zelfs al langer? Vast langer, het moet wel langer zijn want waarom ben ik anders zo blij? Had ik het idee dat zelfs de roeiers in de sloepen naar mij keken. Een blij en gelukkig gevoel. Vandaag kan ik met de hand op mijn hart zeggen dat ik mij gelukkig voel. Dat de zon overal schijnt, buiten en vanbinnen. Het is maar een klein beetje erg om te weten dat ik me extra gelukkig voel omdat ik niet aan mijn ziekte heb gedacht vandaag. Het fijne weer zorgt al voor voldoende gelukshormonen. Het 'niet-denken-aan' is een extraatje, een bonus. Een hele fijne bonus, dat zeker. Ik denk er nog verder over na op de fiets. Dit is nog maar het begin. Ik heb vandaag niet aan mijn ziekte gedacht. Ik weet zelfs niet hoe lang ik al niet meer aan mijn ziekte heb gedacht. Als het nu is voorgekomen is het vast, zonder dat ik me er van bewust ben, al vaker voorgekomen, dat ik er even niet aan dacht. Alleen was het toen waarschijnlijk géén cadeautjesdag, waardoor ik afgeleid was door iets anders. Die gedachte, vandaag, geeft de burger weer moed. Blijkbaar ben ik er niet meer iedere minuut van de dag mee bezig. Het grote slijten gaat beginnen en dat is mooi.

Ik vraag me af hoe lang het nog gaat duren, dat slijten. Want de hele zondag na cadeautjesdag denk ik er weer aan. De perfecte dag bleef nog heel lang perfect. We belanden spontaan op het terras bij de woonboot van Mascha, die de ene fles wijn na de andere opentrekt. Die legen wij achter elkaar, alsof we echt heel erg lang niks gedronken hebben. LA *Diet* aan de Amsterdamse grachten: wel drinken niet eten. Met lege maag, de Caesar salad van de lunch was al lang en breed gezakt, dook ik om halfeen 's nachts volkomen voldaan mijn bed in. Ik was toen al twaalf uur aan het zwieren en zwaaien.

De spijt komt meestal na dit soort avonden. Hoe meer drank, hoe meer spijt. Niet omdat de gehele zondag in brakke toestand aan mij voorbij gaat, maar meer omdat ik mij vandaag opeens zorgen maak dat dit niet goed is voor mijn lichaam. Dat ik denk dat ik dit eigenlijk niet moet doen. Te veel drinken, van hot naar her vliegen, over mijn grenzen heen gaan. De grens tussen bezorgd en onbezorgd genieten is zo onduidelijk.

61

Vandaag hoor ik via via dat ik overleden ben. Dat is nieuw voor me. Het nieuws komt weliswaar van een zeer vage en mij vrijwel onbekende bron, maar toch. Zulk nieuws doet iets met je. Als ik het hoor van vriend Bas maken we er nog wat grappen over. Dat hij toch wel een uitnodiging voor de begrafenis zou hebben gekregen als het echt zo was. En wat hij dacht toen ik, overleden en wel op zijn voicemail stond. Had hij *Shownieuws* of *Char* al gebeld met dit opzienbarende wonder?

Alleen grappen zijn dit keer niet voldoende om het uit mijn hoofd te krijgen. Ik vind het nieuws niet 'groot' genoeg om met anderen te delen en dus loop ik er de hele dag een beetje op te broeden. Iemand die mij niet eens goed kent, denkt dat ik dood ben. Hij heeft dat weer aan iemand anders verteld en die vertelde het met enige verbazing weer aan Bas die toevallig de overledene zelf op zijn voicemail had staan. Er zijn om minder grote roddels oorlogen begonnen. Maar het is wel waar ik diep in mijn hart altijd bang voor ben geweest toen ik voor de tweede keer kaal werd. Het is namelijk precies die gedachte, die bij mensen opkomt als ze je voor de tweede keer in korte tijd kaal en zwak over straat zien lopen. Want voor iemand die niet weet dat de tweede keer chemo preventief was, moet het er wel heel hopeloos uitgezien hebben. Ik herinner me nog de eerste weken dat ik ziek en kaal was. Zonder de kaalheid had ik elke willekeurige ziekte kunnen hebben. Zelfs mijn nichtje van zes vroeg mij op een gegeven moment enigszins verontwaardigd waarom ik toch altijd kaal werd als ik ziek was. 'Ik weet het niet lieve schat, ik weet het ook niet,' was het enige zinnige antwoord dat ik kon bedenken. Die eerste dagen van kaalheid ging ik met gebogen hoofd de deur uit. Ik liep letterlijk krom, hield mijn hoofd naar de grond gericht. Ik had geen zin om bekenden tegen te komen, vage bekenden die niet op de hoogte waren van het feit dat ik voor de tweede keer ziek was en al helemaal niet van het feit dat de chemo dit keer preventief was. Het was dit keer niet voor het echie maar gewoon, voor de zekerheid. Een soort veiligheidsgordel die je vrijwillig omdoet voor het geval dat. Ik voelde ook niet de behoefte om het uit te leggen aan de mensen om mij heen die niet dichtbij stonden. Met als gevolg dat één van die personen zijn conclusie heeft getrokken. Twee keer kaal is twee keer kanker.

In drie jaar nog wel, dat kan nooit goed aflopen. Er zit een kern van waarheid in. Het is alleen niet mijn waarheid. Voorlopig nog niet en als het aan mij ligt nooit. Maar door de opmerking van Bas ben ik opeens een soort Herman. Herman uit het Vondelpark in Amsterdam. Zijn auto vloog hier dichtbij uit de bocht, zonder hem, zonder Herman want hij had 'm net verkocht. Alleen stond zijn naam zwartomrand in de krant. En die van mij niet.

62

Hoort het leven alleen maar leuk te zijn of niet? Ik vind van wel, mijn psych vindt van niet. Voor ik ziek werd, ging ik er van uit dat het leven alleen maar leuk was. Leuk hoorde te zijn. Wat heb je aan het leven als het niet leuk is? Een baan neem je toch ook niet als het je niet leuk lijkt? En stomme vrienden, daar begint geen enkel weldenkend mens aan. Dus een leven dat niet leuk is, wat is daar dan zo waardevol aan? Als het leven niet leuk hoort te zijn, wat is er dán de bedoeling van? Mijn psych heeft daar allemaal wijze gedachten over maar ik laat me niet zo snel overtuigen. Ik vind gewoon dat alles wat ik doe, het leven inclusief, leuk moet zijn. Punt.

Toch twijfel ik er, nu ik weer beter ben, wel aan of het leven bedoeld is om alleen maar leuk te zijn. Ik ben van meer dingen overtuigd geweest om uiteindelijk bedrogen uit te komen. Zo heb ik altijd gedacht dat ik en al mijn vrienden met mij onsterfelijk waren. Dat bleek niet zo te zijn en daarom twijfel ik nu ook een beetje aan het feit dat het leven leuk moet zijn.

Er is een oud Joods gezegde dat over personeel gaat. 'Ik wens je veel personeel toe.' Klinkt aardig maar zo is het niet bedoeld. Degene die je dit wenst, wenst je eigenlijk een hoop drama toe want met veel personeel komt automatisch het drama. Problemen die je als je lekker in je eentje was geweest niet had gehad. Soms denk ik dat dit ook opgaat voor het hebben van veel vrienden. Ik heb veel vrienden. En dan tel ik mijn allerliefste zus en ouders nog niet eens mee. Tot voor kort, nou ja tot zeven jaar geleden, hadden al die vrienden en ik een leuk leven. Voelden we ons misschien zelfs wel een beetje onsterfelijk.

Ik weet nog dat dit lekker voelde. Zorgeloos, jong, ongeduldig en onschuldig. We studeerden, gingen werken, hadden leuke huizen en banen en de wereld lag aan onze voeten. Voor mij was dat niet genoeg. Ik wilde de wereld niet alleen aan mijn voeten hebben, ik wilde hem ook ontdekken. Het werd Australië waar ik bijna anderhalf jaar bleef. Ik had dan wel veel vrienden, ik bleek ze niet echt te missen. Zes weken na terugkomst overleed een van mijn beste vriendinnen aan een aneurysma. Onverwacht en ongelofelijk. Van ons hechte groepje miste er opeens een. Een jaar daarna kreeg de verkering van iemand anders uit de vriendenclub Hodgkin. Ik weet nog dat mijn toenmalige verkering een opmerking maakte over de hotelschool waar we allemaal gestudeerd hadden. Had die toevallig op een gifbelt gestaan? Want één dood en één ernstig ziek uit een kleine club, dat was toch wel heel toevallig. Ik vond het toen nog wel een grappige opmerking, liefde maakt blijkbaar niet alleen blind maar ook doof, maar toen ik het jaar daarna aan de beurt was, moest ik nog wel eens aan zijn opmerking denken en vond ik hem een stuk minder lollig.

Zelf heb ik altijd gedacht dat we te veel genoten hebben, te veel lol hebben gehad. Hebben we al het leuke van het leven al opgemaakt toen we jong waren en staan we nu in de min? Toen er in de daaropvolgende jaren nog meer vrienden en baby's van vrienden overleden, begon ik er steeds minder de lol van in te zien. Wat was er met ons zo leuk bedoelde leven gebeurd?

Maar nu ben ik bijna een jaar kankervrij en als alles goed gaat, ga ik dit jaar zonder al te veel kleerscheuren afsluiten. Goed, ik heb nog steeds geen huis, noch verkering, maar dat zijn amper kleerscheuren te noemen. Met name het laatste is meer *the story of my life*. Een jaar zonder dieptepunten maar ook zonder al te veel hoogtepunten. Alsof ik en mijn vrienden allemaal een beetje pauze hebben genomen in afwachting van het nieuwe jaar. Een jaar waarmee we de afgelopen zeven magere jaren afsluiten en onze vette jaren tegemoet gaan. Ik gun het ons zo, ik gun het mijn familie, vrienden en mijzelf meer dan wie dan ook. Het leven gaat vanaf volgend jaar weer echt leuk worden, zoals het altijd al bedoeld is. Ik ga mijn psych laten zien wie er het laatste woord heeft.

Ik krijg het telefoontje als ik tussen de kant-en-klare salades bij de supermarkt sta. 'Marlies mob' staat in mijn schermpje.

Ze moet morgen naar het ziekenhuis voor een echo en mammografie. Ze heeft een knobbeltje gevoeld.

Een dag later blijkt het knobbeltje een tumor te zijn. Met drie broertjes.

Kanker maakt niet van iedereen een beter mens. Kanker haalt bij mij het slechtste naar boven, was het al niet mijn eigen kanker die mijn minder mooie kanten ruimte gaf, de tumor van Marlies doet dat helemaal. Ik ben er niet trots op en zeker niet blij mee, maar er gaan nogal wat egoïstische gedachten door mijn hoofd als ik het hoor. Hoe kan zíj nu kanker hebben? Kanker is toch mijn ziekte, mijn ding? Wat als ze het beter doet dan ik? Wat als ze veel beter is in kanker hebben dan ik? Wat als zij niet kaal, moe of misselijk wordt? Als iedereen al vindt dat ik me zo goed heb gehouden toen ik ziek was, wat zouden ze dan wel niet van haar denken als ze minder ziek wordt dan ik? Kan het zo zijn dat mijn ziekte in het niet valt bij die van Marlies? Kanker hebben en overleven is drie jaar lang mijn talent, mijn terrein geweest. Ik ben ook jaloers op het feit dat ze nu pas kanker krijgt. Drie jaar na mijn eerste keer. Wat als er in de tussentijd een veel betere chemo is ontwikkeld? Wat als ze in een veel beter ziekenhuis wordt opgenomen, met veel betere artsen, betere chirurgen? Wat als zij betere beslissingen neemt dan ik heb gedaan? Wat als ze doodgaat? Al die vragen komen in me op maar alleen de laatste blijft hangen, nadreunen als een irritante mantra. Wat als ze doodgaat? Wat als zij wél doodgaat? Dat is de vraag die me het meeste bezighoudt. Wat als zij wel doodgaat? Hoe oneerlijk zou dat zijn. Wie beslist er over leven en dood? Wat als Marlies wel doodgaat aan borstkanker en ik mag blijven leven? Ik wil niet dat ze doodgaat en ik wil ook niet dat ze door moet maken wat ik heb doorgemaakt. Dezelfde angst en de pijn voelt van het hebben van een levensbedreigende ziekte. Een ziekte zonder garantie op totale genezing.

Het klinkt vreemd, maar de ziekte van Marlies komt voor mij op het juiste moment. Ik ben er op een rare manier blij mee. Nu is blij niet het juiste woord dus dat neem ik terug, maar het voelt zo fijn om iemand te hebben, die zo close is, die nu weet hoe ik me heb gevoeld. Die aan den lijve gaat ondervinden wat chemo met je doet. Die weet dat het feit dat een pruik je goed staat niet wil zeggen dat je er blij mee bent. Iedereen kan zeggen dat je niet ziet dat je een pruik op hebt maar zelf zou je hem het liefst van je hoofd rukken, een onnatuurlijke helm van haar.

Begrip en herkenning maken mijn ziekte een stuk minder eenzaam. Ziek zijn doe je in je eentje omdat niemand echt weet waar je doorheen gaat. Nu heb ik iemand die niet alleen met me meeleeft maar ook weet hoe het voelt, en er valt een last van mijn schouders. Ik ben niet meer alleen, ik ben niet meer eenzaam.

We hebben er lange gesprekken over, Marlies en ik. Met ieder gesprek kan ik mijn eigen verhaal een beetje meer afsluiten. Niet omdat haar ziekte mijn plek heeft overgenomen maar omdat ik er meer en meer vrede mee krijg. Het is een natuurlijk verloop. Haar begrip zorgt voor mijn vooruitgang. Nu snap ik ook waarom er zoveel lotgenotengroepen zijn op internet. Niet iedereen heeft een Marlies, maar iedereen heeft behoefte aan begrip. Iets dat veel dieper gaat dan medeleven. Het is wederzijdse erkenning. Als Marlies op een keer tegen me zegt dat ze nu snapt hoe zwaar het voor me is geweest, twee keer door alle behandelingen gaan zonder relatie, besef ik dat dit helemaal geen issue meer voor me is. Ik heb het er vaak met haar over gehad, over mijn angst om ziek te worden en nog steeds geen relatie te hebben. Omdat ik dacht dat een relatie 'beter' zou zijn, alles makkelijker zou maken. Ik zie bij haar nu ook de andere kant van de relatiemedaille. Het hebben van een relatie betekent niet per definitie dat je je altijd gesteund en geborgen voelt. Het is net zo hard werken met als zonder relatie.

De ziekte van Marlies heeft me zoveel gegeven. Onverwachte inzichten, opluchting, berusting, vriendschap en rust. Ik had er veel voor willen geven om te zorgen dat ze niet ziek was geworden. Niet door precies hetzelfde hoeft te gaan als ik. Maar nu het zo is, kan ik mij geen beter persoon voorstellen om deze ervaring mee te delen. Ik weet dat we hier ook weer doorheen komen. Beginnen we ietsje later aan onze vette jaren, stap voor stap. Duurt het wat langer voor ik mijn psych kan overtuigen dat het leven toch echt leuk hoort te zijn. Mijn leven in ieder geval wel. Met of zonder kanker.

NAWOORD

Ik heb altijd gedacht dat als ik maar hard genoeg mijn best doe, ik kanker zou overleven. Ik had ook geen reden om daaraan te twijfelen. Ook al ben ik twee keer ziek geweest, de artsen hebben me toch echt beloofd dat de behandelingen levensreddend zouden zijn. Levensreddend betekent in mijn ogen toch nog steeds dat je er niet dood aan gaat. Alle behandelingen gecombineerd met mijn eigen vechtlust, positieve instelling, gezonde levenshouding gingen ervoor zorgen dat ik, op mijn achtentachtigste samen met mijn zus in bejaardentehuis Het Laatste Zuchtje ging komen. Sinds een paar maanden weet ik dat het geen reet uitmaakt of je je best doet of niet. Kanker komt en gaat. Als je geluk hebt overleef je het, als je pech hebt niet. Kanker overleven heeft niks met vechten te maken. Niet dat ik het raar had gevonden als ik de kanker had 'verslagen'. Ik heb er immers genoeg voor gedaan en gelaten. Sterker, ik heb nog nooit ergens zó mijn best voor gedaan als voor beter worden van kanker. Het is bijna onverteerbaar als op een dag blijkt dat dit soort overtuigingen, die ik veertig jaar lang heb gekoesterd, niet waar blijken te zijn. Net als de overtuiging dat als je goed doet, je goed ontmoet.

Want met mijn goede gedrag en harde werken, heb ik niet kunnen voorkomen dat de kanker voor een derde keer is teruggekomen. Dit keer in mijn lever in plaats van in mijn overgebleven borst. En volgens de artsen dit keer definitief, deze keer gaan de tumoren niet weg door er een chemokuurtje tegenaan te gooien of een stukje van mijn lever eraf te halen. Nu kan ik nooit meer doen alsof ik geen kanker heb. Nu heb ik kanker tot ik dood ga en dat kan al best snel zijn.

Ik heb mijn boek nog maar net afgerond als mijn twee grootste angsten waar worden. De angst dat Marlies eerder aan kanker doodgaat dan ik en de angst om zelf weer ziek te worden. Beide zijn in al hun lelijkheid en grootsheid uitgekomen en ik weet niet waarom. Ik zoek naar een reden, meerdere redenen, maar ik kan ze niet bedenken. Het enige wat ik mijn hele leven heb gewild, is gewoon een leuk leven, liefst met kat, vrienden, familie en verkering. Ik ben geen heilige maar ben ook geen ontzettend naar mens. Zo een die het verdient om dood te gaan. Mijn ouders willen ook niet dat ik doodga, mijn zus al helemaal niet en van mijn vrienden vermoed ik ook dat ze het een bar slecht idee vinden. Ik kan eerlijk gezegd niemand bedenken die mij graag en van ganser harte dood ziet gaan. Ik kan zelf wel een heleboel mensen bedenken die ik graag dood zie gaan. In mijn plaats dan, en dat ik blijf leven als er iemand anders doodgaat. Ik denk hierbij voornamelijk aan heel oude mensen (100+) en aan mensen die toch al dood willen. In mijn overlevingsdrift wil ik ook nog wel een junk opofferen als ik het zelf daardoor red. Ook zware alcoholisten, moordenaars of serieverkrachters mogen mijn plaats innemen. Mensen die stinken, mensen met lelijke schoenen, mensen met sokken in hun slippers of, nog erger, panty's in *peeptoe shoes*, mensen die te langzaam optrekken, mensen die me gewoon irriteren, mensen met een regenpak, mensen zonder een regenpak, ik vrees dat mijn lijst heel lang is. Want diep, diep in mijn hart zou ik er alles voor doen om te blijven leven. Ik moet dit keer zelfs mijn moeder gelijk geven als ze zegt dat zij het liefst mijn plaats zou willen innemen. Dat zou ik ook het liefst willen. Niet omdat ik wil dat mijn moeder kanker krijgt. Maar omdat ik haar en mijn vader zo graag het verdriet om mij zou willen besparen. Omdat het natuurlijker voelt dat mijn ouders eerder dan ik overlijden. Het zoeken naar een 'waarom' heeft alleen weinig zin. Net zoals het weinig zin heeft om in de toekomst te kijken. Uiteindelijk is ieders toekomst hetzelfde, dood gaan we allemaal, alleen weet niemand precies wanneer. Sinds kort weet ik daar dan wel weer de reden van. Echt weten dat je dood gaat en mensen (artsen) om je heen hebben die dit ook nog eens bevestigen, is niet leuk. Maar ook al komt mijn toekomst deze keer iets dichterbij dan ik zou willen, er kan nog van alles gebeuren. Naar oud gebruik heb ik nog één wens over. Als het echt zo werkt dan wens ik dat ik morgen wakker word en dat dit boek niet geschreven is. Dat ik nooit kanker heb gekregen maar wel een verkering.

DANKWOORD

Ik wil de volgende mensen bedanken omdat ze van me houden, er voor me zijn, me geholpen hebben met mijn boek of gewoon omdat ze zijn wie ze zijn.

Mijn ouders, mijn zus van wie ik zoveel houd en dan nog meer. Ernst, Lutein & Pia: zoveel meer dan alleen mijn zwager en nichtjes. HJ, Marjon, Sabien, Anita, Ellen, Marie-Paule, Wendy, Emiel, Willem, Soof, Pascal, Carline, José, Titus, Evelien, Kaatje, Ciska Pittie, Sandra Dol, Henk Roelofs. Franska Stuy en Karin van Gilst voor de kans die zij me gaven mijn verhalen in *Libelle* en *Viva* te publiceren. Heleen, Maarten en Esther voor een onvergetelijke ervaring in IJsland. Fleur vanwege de soepele gast uit de Wine Bar in Bondi Beach. CH, Mariëlle, Tanja, Quinty, Dokus, Maroesja, Andrea, Edward. Slagerij van Wijk zonder wiens eiersalade en lasagne ik niet had gekund. Lukie, Marloes, Floris, Jasper, Janine, Mark, Kim, Bas, Evelyn, Tamira, Leo, Rein, Luc, Nelieke, Joost, Gitte. Chris mijn kapper, Jesse, Dany, Annemarie Beintema, Anders Hakansson, Cosima Scheuten, de meisjes van fietsenwinkel Zijwind, Paulien, Guus, Otteline, Adriaan, Masha, Patrick. Jossine

Modderman voor haar tip mijn verhaal zo dicht mogelijk bij mijzelf te houden. Mijn woensdagavond renclubje, FemkeP, Kick. Dr. Borgstein die mooi werk heeft verricht. Directie van Sanoma Uitgevers en al mijn niet bij naam genoemde collega's die me iedere keer weer verrassen. Maran, Frank en Marlies, omdat jullie erbij hadden moeten zijn. Paul Sebes en Willem Bisseling van literair agentschap Sebes & van Gelderen en natuurlijk Hedda Sanders en Marga de Boer van Sijthoff voor jullie geloof in mij en mijn boek. En iedereen die ik door geheugenverlies als gevolg van de chemo vergeten ben.

ZIJ WAS MIJ EN IK BEN HAAR

Op 15 januari 2010 overleed mijn zus Sandra, vlak voor het verschijnen van *Een van de acht*.

Ik zou een boek vol kunnen schrijven over mijn zus. Onze band was zo vanzelfsprekend, zo zonder enige twijfel, zo diep, dat we het over heel veel dingen niet hoefden te hebben en we tegelijkertijd zo ontzettend veel dingen wel bespraken en deelden. En we noemden elkaar gewoon allebei Kool. Lekker makkelijk vonden wij, al was niet iedereen dat met ons eens.

Als we het leuk hadden met elkaar was het dubbel leuk. Ik vond mezelf ook leuker als we samen waren – al hebben buitenstaanders vast wel eens gedacht dat het een beetje too much was, die twee Koolmezen bij elkaar. Of we het nou met elkaar eens waren (bijna altijd) of niet (zelden): alles wat we deden, de films en series die we keken, de kleding die we droegen, de restaurants die we bezochten, de mensen met wie we omgingen, de vakanties, samen of apart, we bespraken het samen voor, bespraken het nog eens en we bespraken het ten slotte ook nog even na.

1+1=3 zeggen ze wel eens, maar Sandra en ik waren gewoon 1+1=1.

Mijn zus was inspirerend, grappig, gezellig, gul, ze kon goed koken, was enorm bezig met haar haar – of het nou steil was of krullend – druk in de weer met haar nichtjes Pia en Lutein, bezorgd om ons allemaal, altijd in voor iets leuks en vooral voor iets raars, bezig met haar tweede boek, en soms praatte ze iets te hard. Dat zei ik dan tegen haar, maar dan ging ze gewoon nog wat harder praten. Ze was vol overtuiging dat het leven bedoeld was om gewoon leuk te zijn, ze kon nooit kiezen van een menukaart, ze maakte de raarste plannen voor allerlei zakelijke projecten die tot in detail werden uitgewerkt, zoals de plannen voor een garnalenrestaurant en een soepbarretje, en voor een speciaal wasmiddel. En al die plannen waren hun tijd hooguit een beetje vooruit, maar ze zat er nooit ver naast. En in haar werk ging ze gewoon door met dat originele denken.

Ik heb geen idee wat ik zonder haar moet, hoe mijn toekomst eruitziet zonder haar. Ik vind troost in het besef dat we de afgelopen veertig jaar geen minuut hebben laten liggen. Alles gezegd, alles gedaan, om alles gelachen en gehuild, voluit en all the way. We waren alleen nog lang niet klaar, er liggen voor nog wel veertig jaar nieuwe plannen en avonturen. Samen oud worden in bejaardenhuis Het Laatste Zuchtje, zoals we elkaar altijd beloofden, het zit er niet meer in. We schreven vaak gedichtjes voor elkaar. Dit gedichtje van Sandra, voor mij, is mijn favoriet. Ze schreef het een paar jaar geleden bij een Sinterklaascadeau:

Kooladiboola,

Jij bent mijn allerliefste zus
Ben ik dat ook van jou?

Je bent er zonder woorden
Maar wel met een diner
En als je bent geweest
Neem je alleen de kou weer met je mee

Je blijft in me geloven
Komt altijd voor me op
Het is wij tweeën samen
Al staat onze wereld op zijn kop

Je berust in al mijn grillen
Wordt me werkelijk nooit moe
En mocht ik echt te ver gaan
Spreek je me ook wel stevig toe

Je bent mijn allerliefste!
En als ik het zo bekijk
Ben ik dat ook van jou
En voel ik me schathemeltje rijk

Marleen Koolmees, februari 2010